作家的花园

花园如何成为作家的灵感源泉

杰姬·伯内特（Jackie Bennett） 著
理查德·汉森（Richard Hanson） 摄影
邢蓬宇　蔡丸子　译

目 录

引言   6

简·奥斯汀
    在高德摩舍姆和查顿   *14*

鲁伯特·布鲁克
    在格兰切斯特   *28*

约翰·拉斯金
    在布兰特伍德   *38*

阿加莎·克里斯蒂
    在格林威   *50*

毕翠克丝·波特
    在丘顶农场   *64*

罗尔德·达尔
    在吉卜赛屋   *78*

查尔斯·狄更斯
    在盖德山庄   *90*

弗吉尼亚·伍尔夫
    在蒙克屋   *100*

温斯顿·丘吉尔
    在查特韦尔庄园   *112*

劳伦斯·斯特恩
    在项狄庄园   *124*

乔治·萧伯纳
  在"萧之角"   *136*

特德·休斯
  在伦布班克   *146*

亨利·詹姆斯和 E.F. 本森
  在兰慕别墅   *158*

约翰·克莱尔
  在海尔伯斯通   *168*

托马斯·哈代
  在哈代小屋和马克斯门   *178*

罗伯特·彭斯
  在埃里斯兰   *192*

威廉·华兹华斯
  在科克茅斯和格拉斯米尔   *202*

沃尔特·司各特
  在阿柏茨福德   *214*

鲁德亚德·吉卜林
  在贝特曼庄园   *228*

花园拜访信息   *242*
引用资料   *249*
拓展阅读   *252*
致谢   *254*
译者注   *256*
索引   *258*

Introduction

引言

> 花园是我寻求庇护的地方,是的,房屋并不行……在花园里,我能感受到家的安宁,每一株花草都是我的伙伴。
>
> 伊丽莎白·冯·阿尼姆,1898 年

在许多作家的生命中,花园都占据着特殊的位置。不论是阿加莎·克里斯蒂,还是鲁伯特·布鲁克、毕翠克丝·波特或是亨利·詹姆斯,这些小说家、诗人、传记作家和儿童作家都向花园寻求创作的灵感——他们自身是如此,他们熟知的其他优秀作家亦如此。

不管是在小说中,或是现实里,花园总是个能发生不寻常事的地方。人们在阅读达芙妮·杜穆里埃的《吕蓓卡》(即《蝴蝶梦》)时,恐怕不会想到作家本人就居住在一大丛猩红色的杜鹃花旁,正如她书中女主角在首次抵达曼陀丽庄园时看到的那样。罗尔德·达尔对自己位于白金

阿加莎·克里斯蒂位于德文郡的故居格林威的船屋,它成为她数部侦探小说的故事背景

汉郡花园中果树的细致入微的研究，激发了他撰写《詹姆斯与大仙桃》的灵感。弗吉尼亚·伍尔夫在其所有作品中，无论是《邱园记事》，还是《达洛维夫人》，都描写了她所熟知的花园。阿加莎·克里斯蒂则几乎毫无掩饰地将其挚爱的位于德文郡托基镇的故居格林威和它的花园，作为好几部侦探小说的故事发生地。如果简·奥斯汀从未目睹过英格兰的旷野风光，她笔下人物的性格塑造和命运安排又将会是怎样一种情形呢？

狄兰·托马斯在他人生的最后四年里，是在威尔士西南海岸边拉恩市的一处山崖边的船屋里度过的

一些作家,例如诗人罗伯特·彭斯和约翰·克莱尔，他们都出身于农村家庭，熟悉户外劳作。但对另一些作家而言，真正体会到造园乐趣则是他们人生历程中后半段的事情了。对于丘顶农场的毕翠克丝·波特和阿柏茨福德庄园的沃尔特·司各特爵士来说，只有在他们已经在写作上获得了巨大成功，并因此获得充足的财富和自由的时间后，建造一座自己的花园才成为一件可以触及的事情。马萨诸塞州的诗人艾米莉·迪金森，她的阿默斯特花园比她的诗作名气更大。《五月花朵》的作者——小说家赫伯特·欧内斯特·贝茨，在随后的写作生涯中出版了数本园艺书籍。

本书所提及的作家们背景各异。托马斯·哈代在多塞特郡的乡下长大，在那里他每年都要采摘苹果供酿酒使用，并且靠家里茅草房旁的菜地获得食物。温斯顿·丘吉尔爵士则完全不同，他出生并成长于布伦海姆宫广阔的湖泊和"富有魔力"的自然风光之中。但当他们步入中年并开始营建自己的花园时,他们都选择了回归往昔——重现童年的生活环境。哈代试图在多切斯特的"马克斯门"过上完全自给自足的生活,丘吉尔则雇用了一台挖掘机扩大查特韦尔庄园的湖泊面积,以便"让它们更配被称为'湖'"——同时也是为了更像布伦海姆宫的湖泊。

¶ 作家的隐居

花园是作家最好的慰藉——是他们远离尘嚣、思考与写作之地。"作家的隐居"是一个恒久的意象,我们许多人都试图在自己的花园里重现这一幕。隐居写作的极致当属狄兰·托马斯在拉恩悬崖边船屋里的写作;对很多人而言,这仍然是最好的遁世之途。

马克·吐温在加利福尼亚的小屋——他在此构思了《卡拉维拉斯郡著名的跳蛙》——在文学史上的地位几乎被神化了。对于那些想要走进亨利·大卫·梭罗内心世界的人来说,梭罗在瓦尔登湖畔为自己盖的小房子已经成为一个重要的图腾。为了创作《瓦尔登湖》这部伟大的作品,梭罗在此居住了两年多。弗吉尼亚·伍尔夫的命运神秘而悲惨,她在蒙克屋里简朴的木制书房已成为文学史某种意义上的圣殿。乔治·萧伯纳、

1864年到1865年冬,作家马克·吐温是在加利福尼亚杰卡斯山上的小木屋里度过的。在这里,他构思了自己的第一部小说

罗尔德·达尔和查尔斯·狄更斯都意识到寻觅一处安静的写作场所的必要性，他们都选择隐居在花园一隅，不受干扰地创作。

¶ 园丁的召唤

本书中提及的大部分作家都雇用了园丁，但这并不意味着他们习惯于当"甩手掌柜"。司各特是一位卓越的植树者；至于哈代，他在"马克斯门"种植了 2000 株奥地利黑松。在查特韦尔庄园，丘吉尔会穿上他的连衫裤工作服，到果蔬园里修葺围墙。每天清晨，狄更斯都会拿着工具，在他位于肯特郡的花园里转上一大圈，看看有哪些地方需要整修；毕翠克丝·波特则花费了大量时间种植邻居赠送的植物。

每一位园丁都知道，愉快地"陶醉"在花园里是一件多么轻而易举的事情。关于这点，有一本很吸引人的书——《伊丽莎白与她的德国式花园》。它在 1898 年以匿名的方式出版。作者采用了第一人称描述了一个刚刚嫁给普鲁士贵族的英国年轻女士伊丽莎白·冯·阿尼姆的故事。尽管伊丽莎白的工作是照管好一座巨大房屋内的绘画和书卷，可她却好几个月地独自待在花园里。她兴致勃勃地探索着荒野般的花园，甚至将一日三餐都带到野外食用。"我生活在满是蒲公英和欢乐的世界里……草地上生长着各种植物，野花盛开其间……橡树和山毛榉是蓝色系的植物，还有白色的银莲花、紫罗兰和片状的白屈菜。"有时她也会想起被自己冷落的丈夫，然后自责那么一会儿，但却丝毫影响不了她对探寻花园生活的热爱。

¶ 花园的失与得

通过各种方式，我们是如此幸运得以欣赏众多作家的花园。作家，尤其是那些在职业生涯早期需要艰苦创作的作家，通常居无定所，很难有定居一地的机会。那些留存至今的作家花园通常经历了"九死一生"般的劫难——1937年，若不是当地居民竭力反对，华兹华斯在科克茅斯的出生地就险些被夷为平地。而很多其他地方则没有这份幸运。被世界各地孩子所熟知的作家伊妮德·布莱顿的家——"绿篱"（这个名字是她1938年迁居于此时她的小读者们选的）在20世纪70年代被拆除，一点痕迹都没能留下。

伊妮德·布莱顿非常享受在白金汉郡比肯斯菲尔德的"绿篱"中辛勤劳作的日子。她1938年迁居至此

诗人珀西·比希·雪莱在伯恩茅斯的博斯库姆别墅，如今变成了一个医疗中心。肯尼思·格雷厄姆幼年时跟着祖母住过的位于泰晤士河畔的伯克郡住宅，现在是一所学校。而格雷厄姆创作《柳林风声》的灵感就来源于此。

最勾起人们想象的一处"失落"的花园，便是弗朗西丝·霍奇森·伯内特创作的《秘密花园》。这部讲述了一位孤独的女孩和忧郁、悲观男孩在尘封已久、荒草丛生的秘密花园里寻找到快乐的名著，近百年来畅销不衰。据信，激发霍奇森·伯内特创作灵感的房子和花园——其实她在创作这部小说时也一直住在那里——就是"大梅森厅"。它位于肯特郡的罗维登，虽然那是个比约克郡的荒野还要荒凉的地方，但现在已经变成一处私人住宅开发项目，被建设得像梅斯怀特庄园一样宏伟。再也不会有什么地方能比得上神奇、魔幻的秘密花园，但至少"大梅森厅"尚存于世。

比起花园的消失，更神奇的是有些花园的"失而复得"。在19世纪70年代，一名13岁的男孩来到邓弗里斯郡，他将在邓弗里斯学院读书。他的名字叫詹姆斯·巴里——也就是后来大名鼎鼎的J. M. 巴里，

上图：儿时，J. M. 巴里曾经在邓弗里斯郡蒙特布雷的花园里玩耍。也正是在这儿，他萌生了《彼得·潘》的写作灵感

下图：布兰特伍德是艺术家、作家和社会评论家约翰·拉斯金的家，它位于科尼斯顿湖畔

对页上图：沃尔特·司各特爵士在苏格兰阿柏茨福德建造了一座壮观的城堡。他还设计了对称风格的围墙花园

对页下图：毕翠克丝·波特的丘顶花园在她好几部儿童文学作品中都出现过

他和哥哥在课余时间喜欢在蒙特布雷——一栋乔治王风格的大房子里玩。它属于戈登家族的财产。巴里长大后，始终忘不了在那片梦幻般的土地上度过的欢乐童年。也就是在那里，巴里萌生了创作《彼得·潘》的灵感。蒙特布雷比巴里及其六个兄弟姐妹的出生地基里缪尔要大得多。他们将蒙特布雷想象成自己的家。房前的大花园一直延伸到河边，并与森林毗邻。树木繁茂的河堤让巴里着了迷，他一辈子都忘不了这里。

2009年，就在推土机马上要将蒙特布雷夷为平地的前几天，这个工程被叫停了。从那时起，"彼得·潘蒙特布雷信托基金"就一直不遗余力地在国际上募集资金，希望将这座大房子建造成为国际儿童文学中心。基金会希望重现而不是重建花园——让它成为孩子们在游玩中学习的生动场所，就像彼得·潘那样。

¶ 栖居之地

花园不像瓷器或家具那样是静止的，只需定期拂去灰尘即可。它们快速生长，时刻处于变化之中。沃尔特·司各特爵士在阿柏茨福德的花园，从构思到设计、建造均出自其一人之手，完全体现了他的思想。这座花园是幸运的，它被了解其故事的后人照料得很好。其他一些类似约翰·拉斯金位于布伦特伍德的花园，仍然充满了未解之谜。时至今日，花园的看护者们还在继续着令人兴奋的发现之旅。本书是对花园现在的拥有者、看护者和园丁的一份献礼。如果真有所谓"作家的精神"一说，那么它一定存在于继承并年复一年赓续这种精神的人们当中。

简·奥斯汀
在高德摩舍姆和查顿

Jane Austen
at *Godmersham and Chawton*

> 还没等她在里面待上几分钟……她又放弃了，偷偷溜了过去。弯弯曲曲的灌木林现在开始变得美丽起来，远远地就吸引了目光。
>
> 《理智与情感》

很多人有这样一个印象：简·奥斯汀是一个有钱人家的小姐，除了刺绣或插花外，什么重活也不用做。令人惊奇的是，这种毫无根据的看法竟传播得如此广泛——产生这种印象可能根源于她在小说中塑造的人物，可是这并不代表她本人也是这样。

事实上，简对于花园和园艺知之颇多。她出身于学者而非官宦之家，她的父亲是汉普郡贫穷的农村教区史蒂夫顿的教区牧师。她从出生起就住在一个混乱但快乐的教区长家里。简的父亲在家周围开垦了耕地，种植庄稼、畜养牲畜，以此补贴家用。平时，他还要给住在家里的一大帮男孩上课。简的母亲帮着维持学校，还负责管理家里自给自足的小田地、饲喂奶牛、照看花园并种植果蔬。

简和比她大几岁的姐姐卡桑德拉都有一个忙碌的童年，她们要承担一部分家务活，比如帮着家人酿啤酒、制作奶酪、挤牛奶，简还要负责喂鸡和给牲畜提供饮水。每年到了卷干草垛的时候，简和卡桑德拉还要跟着大人们一起工作。这种童年生活充满了乡村气息，简经常骑着一匹小马穿越泥泞的小路，全身心地感受、学习关于自然和收获的知识。她们家还是一个充满欢笑的地方，房子后面有一个大草坡，孩子们经常在那里滚来滚去。在奥斯汀夫人的精心照料下，花园里种植了许多花草——主要用来制作切花——甚至还有一片种植草莓的苗圃。

简·奥斯汀
在高德摩舍姆和查顿

遗憾的是，简·奥斯汀曾经生活过的这个小花园已经没有了。1823年她的哥哥将整栋房子推倒，只保留下来很小一部分。这个地方塑造了简的性格，为她提供了稳定的居所，而且简最初的三部小说初稿——《第一印象》、《埃莉诺与玛丽安》和《苏珊》，也是在这里构思完成的。后来，这三部小说分别被改写为著名的《傲慢与偏见》、《理智与情感》和《诺桑觉寺》。

在史蒂夫顿附近住着几位富有的乡绅，他们是奥斯汀的邻居。奥斯汀从未能像他们一样富有，但是对这些士绅家族的了解，激发了简的文学创作灵感。

她肯定早就知道赫斯特本庄园——这是最负盛名同时也是丑闻缠身的朴次茅斯勋爵的家。她也一定曾经造访过曼尼道，这是比格家族的所在地。简很可能是在一个舞会上接受了年轻律师汤姆·勒弗罗伊的求婚，简深爱着他。居住在维尼庄园的丘特家族比奥斯汀一家显赫得多，但是他们彼此间的生活却颇多交集。简熟知这些贵族是如何生活的，而这些大庄园里的生活与她自己家庭的小花园形成强烈反差——这可能也是造成其作品风格如此丰富多样的原因。

从1797年起，简的哥哥爱德华就搬到了肯特郡的高德摩舍姆庄园

简·奥斯汀
在高德摩舍姆和查顿

对页图：奥斯汀的童年是在汉普郡史蒂夫顿的教区度过的

右图：悬挂在查顿的简·奥斯汀故居博物馆内的简·奥斯汀（1775—1817）木刻画像。这幅版画创作于19世纪晚期，是由简·奥斯汀的侄子詹姆斯·爱德华·奥斯汀委托创作的，根据的是他对其姑姑的记忆

与汤姆·勒弗罗伊的那一段感情给简留下了铭刻终身的印记——这是简唯一一段深入内心的感情。由于双方的家族出于经济上的考虑，两人最终没能走到一起。同时，简的哥哥爱德华却赶上了意料之外的好运。他被富有的远房亲戚收养，那家人没有子嗣，需要过继宗族男性以继承财产。后来，爱德华继承了大片房产，包括肯特郡的高德摩舍姆庄园。在1794年至1797年这段时期，简和卡桑德拉经常从史蒂夫顿出发，造访高德摩舍姆庄园。1797年，爱德华和他的新任妻子伊丽莎白在庄园定居。简曾经和卡桑德拉打趣说："肯特郡是唯一能获得快乐的地方——那儿的每个人都很富有。"

¶ 高德摩舍姆庄园

在汉普郡，简曾经见识过很多大房子和花园，但是她哥哥位于高德摩舍姆的庄园，无论是面积还是精美程度都给她留下了深刻印象。1808年6月，她在庄园里给卡桑德拉写信称："……昨天过得非常愉快：绅士们骑着马在爱德华的农场里转了一圈，回来后又陪着我们沿着椴树大道（一条两侧种满椴树的道路）散步；晚饭后我们访问了寺庙种植园……"

庄园占地约10公顷（24英亩），主要由两个相邻的围墙花园组成，还有一大片荒野和两座古典风格的庙宇——其中一座能清楚地看到房子的南侧，另一座则处于庄园的边缘处，从一座小桥穿过菲尔兹河就能到达。在18世纪晚期，类似高德摩舍姆庄园里的荒地其实并不像其名字描述的那样荒凉，而是种植了紫杉树篱，并辟有幽静的小路。

简·奥斯汀
在高德摩舍姆和查顿

对页上图：位于荒野尽头的一座古典风格庙宇

对页下图：椴树大道的行道树最初是简的哥哥爱德华种植的，简称其为 Bentigh。在1987年的飓风中，道路两旁的树木受损严重，后来人们又补种了一批。简和家人经常走这条路去村里的教堂

高德摩舍姆拥有18世纪庄园的所有要素。不难想象，简多么急迫地想要摆脱爱德华家的喧闹（他的家庭规模迅速扩张，总共有11个孩子），而只是安静地在高墙之后阅读、写作，或者仅仅是沉浸于个人思考当中。庄园的墙上专门开了一扇门，便于庄园里的人在周日去村里的教堂做礼拜。现在这扇门被称为"柯林斯先生的门"——以《傲慢与偏见》中那位阿谀奉承的牧师的名字命名。

庄园里的很多花园并不仅仅是简·奥斯汀时代的反映。在20世纪30年代，著名设计师诺拉·林赛对一些围墙花园进行了改造，增加了一个意大利花园和游泳池花园，这些都体现出那个年代人们的喜好。其中一座围墙花园在18世纪时被当成马厩，现在则被改造成玫瑰园。最初的椴树大道（简将其称为 Bentigh）在1987年的风暴中遭到严重损坏，后来在1990年左右重新种植了行道树。修剪整齐的绿篱是花园的突出特色。春天，果树下铺满了水仙花和海葵花，就像一张大大的花毯。

对简而言，高德摩舍姆是一处非常有意思的旅居地，但却永远难以成为她的家。1801年，她的父亲从史蒂夫顿退休。为了给简的长兄詹姆斯腾个住的地方，他们搬离了教区长寓所。

对简而言，接下来发生的事情不论对她个人还是整个西方文学史，都是灾难性的，以至于在其后的八年中，简几乎没写什么东西。1805年，奥斯汀牧师去世了。由于他并未留下什么像样的遗产，简、卡桑德拉和她们的母亲的生活都有赖于兄长们的善意关心。她们不停地搬家，在巴斯的一个又一个租住的寓所中度过冬季，夏季则搬去与其他亲戚同住。简熟知不同类型的景观花园，在格罗斯特的艾德稠普村，她看到过汉弗莱·雷普顿[1]的杰出艺术作品，在沃里克郡的斯通利看到了修道院遗迹、大型厨房花园和教堂。可以肯定的是，这些景观在《曼斯菲尔德庄园》中都有自己的位置。

简自己的房子位于南安普敦，她和当海军的哥哥弗兰克以及他的妻子共同享有产权。在此之前，简已经很久没有自己的花园了。在信中，

上图:斯陶尔河流经高德摩舍姆庄园

中图:修剪过的紫杉树篱和一座中央喷泉组成了一处花园景观

下图:春天,荒野上开满了洋水仙和银莲花

她兴奋地写到,买了丁香、金链花和醋栗来种。可是简并不喜欢小镇生活,当爱德华建议她们在1807年暑假回到汉普郡查顿庄园度假时,她欣然接受——这是她第一次去查顿,而最终也在此度过余生。

¶ 重返汉普郡

查顿的房产、庄园和大片土地都是爱德华继承得来的财产,他最终也冠以收养人的姓氏,成为爱德华·奈特。简希望找个地方安顿下来,爱德华为他的母亲和姐姐提供了两处备选地——一栋位于高德摩舍姆附近的乡村别墅,另一处就是查顿庄园里刚刚空出来的一座原地方长官居住的小屋。奥斯汀夫人更喜欢肯特郡的环境,而简则倾向于查顿庄园,此时她已经33岁了。最终大家还是同意了简的意见,四位女士——奥斯汀夫人、简、卡桑德拉和她们的朋友玛莎·劳埃德于1809年7月搬到了查顿。

那座小屋(目前是简·奥斯汀故居博物馆)是一座坚固的红砖房,有六间卧室,正好处于查顿村的中心,距离爱德华的"大房子"并不远。

这幅水彩画描绘的是简和母亲、姐姐卡桑德拉以及她们的朋友玛莎·劳埃德一起居住的查顿小屋

它可能是《理智与情感》一书中埃莉诺和玛丽安搬去德文郡的巴顿小屋的原型,尽管在此前很多年,简就构思了这部小说的初稿。当时房子连同周围的花园占地约 1 公顷(2.5 英亩左右)——比现在人们能看到的院子大,果园、蜂房和蔬果园(奥斯汀夫人负责照料)一应俱全,此外还有一片灌木林——这些都是 19 世纪早期英国花园的标准配置。木栅栏和角梁树篱(目前已经改为砖墙)将房子与道路隔开,院子里有充足的空间让奥斯汀一家在树荫下漫步,还铺有一条砾石小路。

在信中,简清楚地表明她对家庭和花园生活的热爱——尤其是完全被女士们照料的花园。她们自己动手酿蜂蜜酒,饲养并烘焙火鸡,种植豌豆、土豆、醋栗、葡萄和草莓。当卡桑德拉离开查顿去高德摩舍姆的时候,简就会定期给她写信,向其诉说生活近况,例如这封写于 1811

查顿小屋已经被建成简·奥斯汀故居博物馆

年 5 月的信件："你绝对难以想象——没谁能想到——我们今天绕着果园走了多远。我们甚至在其中一棵树上发现了一粒杏果。"在查顿，生长有很多普通的本土花卉，例如锦葵、蜀葵、夹竹桃和美洲石竹。同样是在 1811 年的那个夏天，简在信中告诉卡桑德拉，花园里到处都是粉色的花朵，还有很多美洲石竹和蓝花耧斗菜。

在快乐的生活氛围中，简又开始了写作。卡桑德拉承担了所有的家务，以便让简从俗事中脱身，奥斯汀夫人则沉浸在蔬果园里。简完成了《理智与情感》的修订，并在 1811 年出版。这是她第一部公开出版的小说。随后，简又完成了《傲慢与偏见》的修改，并着手撰写《曼斯菲尔德庄园》。1813 年，《傲慢与偏见》出版发行。

爱德华经常带着一大家子在查顿庄园度夏，在他 11 个孩子中，就有简最喜欢的侄女——范妮。简与家人一起吃饭，并经常在院子里散步。这栋红砖房始建于 16 世纪晚期，那时候的花园应该比简生活的时代更正规。到了 18 世纪，人们已经按照当时英国流行的景观风格对其进行了重新布置。在很多关于查顿庄园的绘画作品中都展现了庄园里朴实无华的大片绿地，对此简应该也是十分熟悉。

在庄园里，有一条位于房子旁边的弯曲马车小路和一片平坦的原野，躲过了英式园林景观改造而被保留了下来。房子后面种有一丛当地灌木和高大乔木，它们都是本土植物，与屋前的荒野遥相呼应。二者之间铺有一条排水良好的砾石小路，供居住其中的人们漫步。事实上，简居住在此期间写的《爱玛》、《曼斯菲尔德庄园》和《劝导》等作品中的人物的生活背景几乎都能在查顿村找到相应的出处。

¶ 时运之变

简因作品而声名鹊起——尽管此时并未达到高峰，这使得她有足够的财力到伦敦旅游并造访高德摩舍姆。她也能时不时地享用奢侈华丽的

上左图和上右图：简知道她的哥哥爱德华计划在查顿修建新的围墙花园，但却没能活着看到那一天

礼服，参加上流社会的舞会。但是在1815年，她们在查顿宁静的生活因一起所有权诉讼案而面临被打破的威胁。爱德华被迫支付15000英镑——当时这是一笔巨款，同时，亨利也因为他位于奥尔顿镇附近的银行生意而损失惨重。与此形成对比的是，在简的一生中，她从写作中获得的所有报酬不过区区800英镑。

简的身体每况愈下，于1817年英年早逝，享年41岁。她被安葬在温彻斯特大教堂，距离其人生最后阶段所居住的房子不远。卡桑德拉和奥斯汀夫人最终的安葬地却是查顿小屋旁边的圣尼古拉斯教堂。没有了妹妹的陪伴，卡桑德拉在查顿的屋子里又独自居住了将近30年。圣尼古拉斯教堂似乎是《傲慢与偏见》中幸福的姐妹最终举行婚礼的完美场所，然而现实中的奥斯汀姐妹却未能如书中所写的那样幸福。

简一直盼望能见到爱德华心心念念的新围墙花园。1813年7月，她在给哥哥弗兰克的信中写道："爱德华……提到了要建一座新的花园；现在的花园实在糟糕，位置也不怎么样——他计划将新花园建在自己房子后面的草坪最高处。"事实上，这座花园直到1818年才开始动工修建。此时，简已经去世一年了。当时，具有观赏价值的厨房花园颇为流行。到现在，花园里长满了丰富的花卉、水果和蔬菜，而且都是以有机种植的方法培育的。

查顿的屋子被简的大侄子蒙塔古爵士继承，他在那里一直居住到

简·奥斯汀
在高德摩舍姆和查顿

1914年。在此期间，他加建了爱德华七世时期风格的大露台——根据艺术和工艺风格分析，很可能是由他的朋友埃德温·鲁琴斯设计建造的。

¶ 修复的故事

要不是一群不同寻常的人的努力，查顿小屋和庄园可能早就不复存在了。1940年，多萝西·达内尔和毕翠克丝·达内尔姐妹成立了简·奥斯汀协会，目的就是拯救简·奥斯汀度过她快乐的最后几年的小屋。起初，她们并没能募集到足够的修复资金。后来，一位名叫爱德华·卡彭特的先生以私人名义买下了查顿小屋，将其向社会大众开放，同时还成立了简·奥斯汀纪念基金会。1949年7月，查顿小屋作为奥斯汀故居博物馆

这片荒野最早可追溯至17世纪末18世纪初。它最初的设计布局是排成直线的乔木，但后来逐渐有了一条自然踩踏而形成的小路

正式向公众开放。

查顿庄园一直是奈特家族的财产,但到了1987年,它就陷入了无人问津的境地,人们担心它会被拆掉。最终,美国企业家兼慈善家桑迪·勒纳租下了庄园。桑迪·勒纳是简·奥斯汀的书迷,同时也是早期女性作家手稿及出版物的收藏家。她签了一份长达125年的租约,开始着手修复房子和花园——这个工程直到今天仍未完成。在今天的庄园里,以奈特家族拥有的书籍和勒纳个人藏书为基础,建起了一个藏书量约11000册的珍稀图书馆。目前,这座公共图书馆收藏了1600年至1830年间几乎所有女性作家的作品,其中大部分作品都可在互联网上查阅。该图书馆于2003年向公众开放。

左上图:拥有查顿庄园所有权的奈特家族收养了简的哥哥爱德华,爱德华于1794年继承庄园。尽管爱德华和他的后人进行了一些改造工程,但花园基本保留了18世纪英国的标志性景观风格

左中图:查顿庄园,包括图中的这扇侧门都是由约翰·奈特在1583年至17世纪中期建造的

左下图:查顿村的圣尼古拉斯教堂位于查顿小屋的入口处。简的母亲和姐姐去世后就安葬于此

故居所作

第一版三卷本的《傲慢与偏见》

史蒂夫顿和高德摩舍姆，1775—1801

1796年，简·奥斯汀开始撰写《第一印象》（后更名为《傲慢与偏见》），而后又开始撰写《埃莉诺与玛丽安》。1797年冬季到1798年春季，简主要是重写《埃莉诺与玛丽安》，并改名为《理智与情感》。随后，她开始创作《苏珊》的初稿，后来以《诺桑觉寺》为名出版。

查顿，1809—1817

《理智与情感》（Sense and Sensibility，1811年完成修订并出版）

《傲慢与偏见》（Pride and Prejudice，1813年完成修订并出版）

《曼斯菲尔德庄园》（Mansfield Park，创作于1811年至1813年；出版于1814年）

《爱玛》（Emma，创作于1814年至1815年；出版于1816年）

《诺桑觉寺》（Northanger Abbey，修订于1816年；出版于简逝世后的1818年）

《劝导》（Persuasion，创作于1815年至1816年；出版于简逝世后的1818年）

《桑迪顿》（Sanditon，始创于1817年；简在逝世前仍未完成全书创作和确定书名；部分内容出版于1925年）

Rupert Brooke at *Grantchester*

鲁伯特·布鲁克在格兰切斯特

> 哦！夏天穿过那里的栗树，
> 在河边为你筑一条
> 绿色的暗道，笼罩着
> 深度的睡眠；深沉而神秘的
> 绿色溪流在下面流动
>
> 《格兰切斯特的牧师老宅》

诗人鲁伯特·布鲁克的名字将永远与剑桥郊外的格兰切斯特村联系在一起。1909年，作为国王学院的毕业生，布鲁克最初在格兰切斯特村最东头的果园租下几间房子，大约一年后，他为了不被卷入大学学潮，搬到了格兰切斯特牧师老宅的旁边。

布鲁克因其俊美的长相而极具个人魅力，也因此总能吸引很多人亲近他。他创作的诗歌也闪耀着浪漫的自由主义光芒，尽管他在第一次世界大战期间去世，年仅27岁。在他身上似乎蕴藏着一种难以复制的特质——"一战"前那种沐浴在金色光芒下的宁静、纯真的本性。1912年，在一次前往柏林的旅途中，布鲁克在一家咖啡馆里写了一首缅怀在牧师老宅的生活的诗歌。这首经典的怀旧名作至今传诵不衰。虽然布鲁克只在牧师老宅居住了三年，但该地至

左图：在剑桥学习期间，诗人鲁伯特·布鲁克（1887—1915）在格兰切斯特的河边寄宿

对页图：流经格兰切斯特牧师老宅花园的格兰塔河

左上图：自 1979 年以来，牧师老宅一直是杰弗里和玛丽·阿彻的家

右上图：鲁伯特·布鲁克经常在花园里学习和写作。1911 年，他在这里忙着为埃斯特丽德·林登小姐把瑞典语的剧本翻译成英文。林登小姐拍摄了这张照片

下图：在一条通往茅草屋的小路边种植了一株木兰树，道旁还种有一片蓝色的勿忘我

今仍因此而出名。

　　这座始建于 1685 年前后的老宅子坐落于一条连通格兰切斯特和特兰平顿的蜿蜒道路边，房子的花园延伸到溪水边。溪水汇入格兰塔河，河对岸是著名的水上牧场。小说家杰弗里·阿彻和他的妻子玛丽在 20 世纪 70 年代末搬到了这里。玛丽在她的《格兰切斯特牧师老宅的故事》一

书中讲述了这座房子的历史。

1851 年，本地人佩奇·威德诺尔买下了这座房子。佩奇的父亲曾经是格兰切斯特负责种植大丽花的园丁。他在院子里为家人开辟了一个花园，里面铺上了草坪，种满了各种鲜花和高大乔木。他们一家人都是植物爱好者，花园里还有很多维多利亚时期风格的藏品。佩奇建造了一座"废墟式城堡"（一种哥特式风格的愚蠢建筑，由石灰石和黏土建造而成，他还在那里安装了一台印刷机）、一栋夏屋和一座"瑞士小屋"——这些都是那个年代颇为流行的建筑。他还写了一本关于格兰切斯特历史的书，并发明了一种"折叠装置"（坐在花园里时用到的靠背），还为此申请了专利。

那个浪漫的废墟（布鲁克在《永不倒塌的房子》一诗中写过的）、湍急的磨坊溪和花园尽头的那些马栗树，俘获了每一个参观者的心。离开这座城市后，布鲁克给诺埃尔·奥利维尔写了一封信，讲述他在河边的生活："你知道吗，这儿几乎到处都是野餐的好地方。在这里，我潜心研究莎士比亚，很少会客。每隔一段时间，我就会光着脚，甚至几乎赤身裸体地在大自然中漫行。我并不会装作十分了解自然，但我确实和它相处甚欢……我写我的书，她则继续照料母鸡和应付时常造访的暴风雨。我们对彼此都很宽容。平日里我以蜂蜜、鸡蛋和牛奶为生……可以一整天都坐在玫瑰园里工作。"

布鲁克说他"很少会客"，这并不是事实。诗人的友谊和感情生活极其复杂，可能也因此滋养了他诗意般的生活。伍尔夫和他一起在河里游泳，E. M. 福斯特、梅纳德·凯恩斯、奥古斯都·约翰、哲学家伯特兰·罗素和路德维希·维特根斯坦，还有布鲁克的女朋友诺埃尔·奥利维尔和卡·考克斯等人都聚集在牧师老宅，坐在果园里或花园里与他畅聊。当凯恩斯 1909 年拜访他时，他发现布鲁克身边都是女人，而且我们的诗人浑身上下只穿了一件毛衣。1911 年，邓肯·格兰特在布鲁克女友的避暑别墅里为她作画（并即兴展示了他的作品）。布鲁克的房东亨利·尼夫是个养蜂人,所以正如诗人最著名的诗歌的最后一行所说的那样:茶里总是放着蜂蜜。

布鲁克在格兰切斯特时经常坐在走廊旁的草坪上写诗,并很多产。他的第一本诗集(也是他在世时唯一出版的一本)收录了1905年至1911年间——正好是在剑桥和格兰切斯特的那些年——的诗歌。这些诗歌洋溢着生活的喜悦、年轻的激情和恋爱的甜蜜,其中也笼罩了一丝淡淡的悲伤和对死亡的认知,这也成为对其个人命运的一种预言。

布鲁克称为"永不倒塌的破房子"的现状。杰弗里·阿彻接手后进行了重建

果园

果园屋的苹果树和樱桃树种植于1868年,就位于牧师老宅旁。1897年,一群剑桥的学生向女房东史蒂文森夫人提出,是否允许他们在花下喝茶(而不是在房子旁边)。由此,一个传统就这样诞生了。史蒂文森夫人和她的女儿们在一间铁皮屋顶的小屋里准备茶饮和甜点,很快这里就成了学生们喜欢去的地方。这个传统一直延续至今。学生们步行穿越格兰切斯特的草坪,骑车、划独木舟或平底船到达格兰塔河上游。不只有学生,很多学者、政治家、作家、演员和艺术家也热衷于此道,有时皇室成员也会参与其中。A.A.豪斯曼、A.A.米尔恩、西尔维娅·普拉斯和约翰·贝特曼都曾坐在树下,就像身处世外桃源般惬意。

1987年,这个伟大的文学圣地几乎毁于一旦,因为果园所处的区域被计划用于房地产开发。罗宾·卡兰力挽狂澜,在1992年买下了这片土地,并恢复了原有用途。现在这里有一个小型的鲁伯特·布鲁克博物馆——由鲁伯特·布鲁克协会负责经营管理,当然,这儿的茶中依然加有蜂蜜——只是蜂蜜被装在小罐子里,而不是像以前那样从刮蜜的梳子上直接加入茶水中。

在果园里,每年春季樱桃花(左)和苹果花(右)依旧盛开。一个多世纪以来这里始终被视作文学圣地

正是在1915年,布鲁克去世后出版的一卷诗集奠定了诗人在文学史上的不朽地位。诗集中包括《1914年战争十四行诗》和创作于1912年的《格兰切斯特的牧师老宅》。起初,后一首诗的诗名仅仅是简单的《家》。诗人渴求格兰切斯特的宁静,尤其是那座被其称为家的牧师老宅。他对这座宅子的花园如此欣赏和喜爱,在诗中将其称为"他的":

左上图:在牧师老宅花园的尽头,马栗树的枝干横卧于磨坊溪上

右上图:"教堂的钟是三点差十分吗?茶里还有蜂蜜吗?"谁也不知道这句话是否真的出自布鲁克之手,但它已成为"时间为布鲁克停留"的象征。布鲁克再也没能重返格兰切斯特

> 紫丁香的花海,
> 就在我小小的屋前;
> 我想在花床之上,
> 嗅得到康乃馨与石竹的芬芳;
> 如我所知,在花坛之下,
> 罂粟花与三色堇吐露清香……

文学的脚步

要说过去对现在毫无影响,恐怕也是咄咄怪事。事实上房子的现任主人杰弗里·阿彻在过去30年里,一直将佩奇·威德诺尔留下的"城堡

鲁伯特·布鲁克
在格兰切斯特

紫丁香（左上）是布鲁克最喜欢的花卉之一，欧芹、紫草（中上）和红石竹（右上）则广泛生长于草地之中

"废墟"的上半部分——重新命名为"愚蠢"——当作创作室。他的首部小说《一分钱不多，一分钱不少》发表于1975年，而他们全家于1979年搬到格兰切斯特，当时玛丽在剑桥大学化学系获得了一个学术职位。阿彻是一名狂热的艺术品收藏家。他将伟大的雕刻家埃里克·吉尔的两幅石雕作品镶嵌在"愚蠢"的墙上。1990年，他们重新整修了"愚蠢"，让它没那么潮湿，更适宜居住。花园区域也进行了重新规划和整饬，利用池塘、各种草本植物充当边界。在草坪和林地中，人们可以看到精心布置的当代艺术家创作的各种作品，例如古怪的兔子和鹅的雕塑。

玛丽和她的园丁对花园进行了改造，重新种植了很多植物以适应20世纪的生活所需。他们挖掘了一个池塘，并以家猫的名字将其命名为"奥斯卡湖"，还在上面架设了一座木桥。桥身用紫藤进行装饰。花园边界得到拓展，新种植了很多草本植物，开花的灌木及角梁、枫树、柳树和橡树等树木。杰弗里·阿彻一家人特别关注河边那些马栗树的生长状况，因为这些树木都"有年头了"，而且不同程度地有一些病害。布鲁克在诗中曾经描写过这些树。1937年，诗人的朋友格温·达尔文（后来的拉韦拉特）在她的木刻画作品中记录了这些树木的形象。

即便经历了各种改造，牧师老宅的花园里依然留有足够的荒野，让人回忆起"一战"前曾"偷走"鲁伯特·布鲁克之心的田园生活。在水边,欧芹和各种野花长势茂盛。在有水车的溪流中,有一座小岛,一对天鹅年复一年地在此垒窝筑巢。一个世纪过去了,对格兰切斯特而言,布鲁克的魔法从未失效。

上图:晚春时,格兰切斯特的木桥上盛开着芬芳的紫藤花

中图:雕刻家埃里克·吉尔的作品被放置于拱廊的墙壁上

下图:在溪流附近一处繁茂的森林中,摆放着斯坦利·多夫创作的造型夸张的野兔雕塑

故居所作

鲁伯特·布鲁克，1909—1912

布鲁克在1911年出版了第一本诗集（内有诗歌50首）。这也是他生前出版的唯一一部诗集。诗集收录了诗人在格兰切斯特居住时期创作的作品，主题是表达年轻人的爱、失落感和情感方面的复杂情绪，包括《尘埃》(Dust, 1909—1910)、《小山》(The Hill, 1910)和《善良》(Kindliness, 1910)。他最喜欢的诗歌是那些在回顾格兰切斯特田园生活时写下的，例如《格兰切斯特的牧师老宅》(1912)和他在1914年写的十四行诗(1914 Sonnets [I–V])，其中包括以下几行：

> 如果我死了，要这样想我：
> 躺在异域某个角落的我
> 也永远是英格兰人。
>
> 《战士》

1915年4月23日，布鲁克在一艘医院的船上死于败血症。正如他在自己的诗中写的那样，诗人被他的战友埋葬在"异域的某个角落"——希腊斯基罗斯岛附近的一个橄榄林中。

杰弗里·阿彻，1979—

1979年，杰弗里·阿彻的第三部小说《凯恩和亚伯》(Kane and Abel)即将出版。书商的预付款来得正是时候，正好用作那栋花园里损毁严重的老房子的维修款。阿彻打算将它改造成创作室。此后，阿彻勋爵又接连创作了17部小说，包括1982年的《浪子女儿》(The Prodigal Daughter)、1993年的《小偷的荣誉》(Honour Among Thieves)和2013年的《最好的保密》(The Best Kept Secret)，此外还有监狱日记、若干短篇小说和几部戏剧。至今阿彻勋爵仍笔耕不辍，他的作品在全球销量超过2.7亿册。

约翰·拉斯金在布兰特伍德

John Ruskin at *Brantwood*

> 这是一个有点陡峭的山坡,坡面朝西。山坡上一半是灌木林,一半是荒原和岩石……山下则是美丽的原野。
>
> 约翰·拉斯金,1871 年

春季,科尼斯顿湖东岸通往布兰特伍德的小路蜿蜒穿过野蒜和各式蕨类植物点缀的石板墙,以及遍布风铃草的树林。约翰·拉斯金第一次来到这里的时候还只是 5 岁的孩子。在他 18 岁那年,他再次划船来到布兰特伍德的港湾,坐在湖对岸的草坪上画着科尼斯顿市政厅的草图。而在 30 年后,这里将成为他的家。

花园里散发粗犷气味的野蒜很快让位于令人眼花缭乱的各色花卉,尤其是令人陶醉的高山黄杜鹃。威尔斯罂粟、高大的树状黄牡丹、鲜嫩的蕨类植物、野生浆果、虎耳草和淫羊藿等遍布原野,其间点缀着耧斗菜的小蓝花。这是属于艺术家的花园——尽管拉斯金绝非仅仅是艺术家。

拉斯金在伦敦南部的赫恩山长大,父母用宗教、艺术和诗歌滋养了他的成长。他注定要成为一个与众不同的人。拉斯金出生于 1819 年——与维多利亚女王同年——逝世于 19 世纪初,是一位真正意义上的维多利亚时代的人。然而,维多利亚时代的局限性并未约束他惊人的才华。他是一名伟大的画家,精于水彩画(特纳是他艺术上的偶像)。同时,他还是最著名的艺术评论家。拉斯金出身于商人家庭,但却高度质疑工业革命带来的财富分化和阶层分裂。他在伦敦郊区的上流社会长大,最终成为英国最直言不讳,甚至是立场激进的环保主义者。在那个时代,拉斯金就提出了诸如环境污染、贫困和气候变化等在 21 世纪引起广泛共鸣的问题。

布兰特伍德缓坡上的花园,缓坡一直通往坎布里亚郡的科尼斯顿湖边

约翰·拉斯金
在布兰特伍德

　　1871年，52岁的拉斯金在写作、学术（他刚刚成为牛津大学第一位斯莱德艺术学院教授）、演讲和艺术方面都达到了巅峰。他完成了后来成为艺术史经典的五卷本《现代画家》（拉斯金最初着手撰写此书时只有24岁）。他撰写的《威尼斯之石》一书更是让其声名鹊起。拉斯金一边坚持着耗时费力的巡回演讲，一边笔耕不辍地撰写各种小册子——内容浩繁，无所不包，从古希腊鸟类到托斯卡纳艺术流派都有所涉及。然而，他内心世界却处于混乱之中。1854年，他与艾菲·格雷的无性、短暂的婚姻宣告无效，而他和罗斯·拉图什（他在罗斯18岁时向她求婚）的关系也即将结束痛苦的状态。因为直言不讳的风格，拉斯金既受到部分人的赞扬，也被视作激进分子而遭到打击。

约翰·拉斯金
在布兰特伍德

对页上图：在春季，花园里到处都是高山黄杜鹃（左上）和喜马拉雅蓝罂粟（右上）

对页下图：站在庄园的高处，能够眺望到湖区西岸的风光

拉斯金身体状况慢慢变差，希望找一处休养之地。他特别向往科尼斯顿湖区的环境，那儿有他年轻时对美好的所有认识——优美的风景、浪漫主义诗歌和平和的环境。

在没有实地考察的情况下，他就以1500英镑的价格买下了布兰特伍德的一处院子。当他到达那里的时候，发现风景比他想象的还要美。拉斯金马上开始收拾花园。1871年9月，他写道："我一整天都在清理院子，并在傍晚时分看着杂草被聚拢焚烧。"1872年9月，他和表妹琼·塞弗恩以及她的艺术家丈夫亚瑟正式入住布兰特伍德。亚瑟经常从伦敦过来照顾他的生活。起初那儿的房子是一栋又小又旧且十分潮湿的两层小屋，屋前有一小片草坪。在此之后的数年间，拉斯金对房子进行了持续不断的整修和扩建。

从一开始，拉斯金就将绝大部分精力投入到庄园事务中，沉醉于体力劳动并乐此不疲。他扩建码头并在河上新修了数座小桥，在河畔兴建梯田、铺设小路以便攀爬山坡。他还新修了船坞，购买了一艘名为"跳跃珍妮"的皮划艇。

花园还成为拉斯金研究自然与人性的户外实验室。他最早期的一个改造项目是建造一个小型实验性丰产花园，以非常规方式混合种植果蔬、花卉和药草。在庄园里，这个小花园的位置比房子还要高一点，后来被称为"教授的花园"。拉斯金种植了醋栗、草莓和各种花卉，他还搭建了蜂巢。花园后面是蜿蜒曲折的登山小道。在那里，拉斯金实践了最初在陡峭坡面上耕作的想法。受但丁《神曲》的启发，拉斯金认为这种安排代表了艺术上的一种意象，即通过攀登炼狱般的山道抵达天堂之所。在曲折的山道上，还装饰着利用本地绵羊品种"赫德威克绵羊"的深色羊毛和其他品种绵羊白色羊毛制成的饰品，而且每年春天都会换新羊毛。拉斯金还在地势低洼靠近湖水的地方开辟了一些菜园。

在布兰特伍德，所有东西都是多功能的。拉斯金的设计不仅实用有趣，而且具有强烈的先锋实验性，颇有一种寓言式或侧重精神追求的意味。

拉斯金非常尊重自然,在植物选择上就充分体现出这一点。

在花园里,拉斯金的表妹琼似乎更有话语权。她种植了许多高山杜鹃和其他当时颇为流行的植物品种。她还想在温室里培育更加柔弱的植物,虽然拉斯金起初强烈反对,但最终还是没能改变琼的主意。他更喜欢朴素的花卉,在1877年的一篇文章中写道:"我认为花园里最好只开那些普普通通的花,这是对我们在享受快乐与美好的同时保持克制与节制的最佳回报。"

拉斯金是超出时代局限的园丁,他懂得充分利用土地的自然条件,增加野生和本土植物品种。他倾向于保持土地的多样性,而不是整齐划一。威廉·鲁宾逊撰写的《荒野花园》于1870年出版,拉斯金曾与他通信,并为他主持的期刊撰稿。

作为一名社会活动家和环境保护主义者,拉斯金对自然的观察并不只有艺术一种视角,他用其深邃的思想细微透彻地研究自然中的生命体

时至今日,游客依然可以像拉斯金当年那样乘船抵达布兰特伍德码头

是如何成长的。拉斯金坚信园艺能给人们带来种种好处："毫无疑问的是，人们无法衡量由此获得的种种收获，这是充满生机活力的野生草本植物和高大树木所带来的……是作用于人类肉体和使精神欢愉的伟大力量。"拉斯金还对如何利用零散的土地资源以最大程度地消除贫穷非常感兴趣。当然这一切都是以尊重自然特性和生态多样性为前提的。按照"于人有益，于自然有益"的原则，他在高处的山坡修建了两处蓄水设施，开辟了一座沼地花园。

¶ 未来之路

拉斯金在布兰特伍德度过了暮年岁月，尽管并非都是快乐，但也可说是成果丰硕。他通常很早就起床，并在一楼那间能够俯瞰湖面的书房里开始工作。据估算，拉斯金一生大约写了900万字的作品。晚年的拉斯金患有精神方面的疾病，经常做噩梦或产生幻觉，以至于难以正常地在卧室休息。他在卧室里搭建了一个被其称为"炮塔"的地方，在那里能够环视整个庄园。尽管如此，他仍然是一位触动了许多人心灵，并将继续触动更多人心灵的智者。

当拉斯金退出社会运动、隐匿于布兰特伍德湖畔寓所时，其他人继续着他最初支持的事业。拉斯金明确提出对工业进步"正当性"的质疑。他认为，正是这种似是而非的"正义性"将人们从千百年生活的乡村中驱逐出来。

拉斯金是环保主义先驱，也是第一个提出应该"保护"建筑而不是修复它们的人。他指出：建筑属于那个时代的建造者，同时也属于后人……我们这一代人只能是保管者，不应该对建筑进行任何难以逆转的改造。在布兰特伍德，他践行了自己的思想——每个人都有权过一种理智、内敛和恰好足够的生活。

当身体状况好转后，拉斯金邀请包括查尔斯·达尔文在内的一些客

上图：拉斯金生活在庄园的时候，湖边这片地方是一个厨房花园，现在则变成了湖畔步道，两旁种满了鲜艳的高山杜鹃

下左图：岩石小路通往"教授的花园"

下右图：拉斯金青睐自然材质与本土植物

老树桩为威尔斯罂粟提供了理想的生长依附,蕨类植物则顺着陡坡呈Z字形生长

约翰·拉斯金
在布兰特伍德

人前来聚餐。可以说他的影响力是世界性的。托尔斯泰曾评价其是"世界上少有的真正用心思考的人"。

拉斯金逝世于 1900 年 1 月。如其所愿,他被安葬在科尼斯顿教堂墓地。终其一生,他透彻地观察自然,得出最后的结论:"生命是世间唯一的财富。"

¶21 世纪的花园

拉斯金离世后,这片占地 8.5 公顷(约 20 英亩,这只是面积更大的 101 公顷 /250 英亩产权范围内的一小部分)的花园面临着种种挑战。拉斯金活着的时候,有多达 22 名园丁和工人帮助维护庄园。

今天,庄园的运营维护团队规模要小得多。但是,他们依然将社会、环境和美学纳入整体考虑。在 20 世纪 80 年代开始对花园进行大规模整修时,它已经变得杂草丛生,不复往日之态。园丁甚至需要结合花园考古,才能弄清楚原有的布局。通过艰苦的研究与还原,人们逐渐发现拉斯金确实将花园作为实践自身思想的实验室,他利用此地大量地探索、验证了自己提出的许多关于艺术与自然的想法。例如,他对土地的功能很感兴趣,因此在花园里对水的冲刷和风的风化作用进行了实验。

目前,历史悠久的花园结构布局,例如石壁和小径已经修复完毕,还新增了一些元素,如种植英国本土蕨类植物的蕨类花园。这种做法既是致敬威廉·詹姆斯·林顿——他在拉斯金之前就住在布兰特伍德,并出版了第一本关于湖区蕨类植物群的书——也是对研究本土植物的拉斯金的致敬。

园艺团队还有长期目标:拓展沼地花园;继续拉斯金的实验,学习如何与自然充分沟通。得益于技术的进步,拉斯金提出的生物动力实验思想已经实现。新的挑战在于如何让他的思想与 21 世纪息息相关——为新一代"打开"思路,继续引领我们在探索、理解自然方面行稳致远。

生长在枫树下的蕨类植物,沿着步道两侧向山坡高处生长

文学的联系

在约翰·拉斯金之前,布兰特伍德曾经是威廉·詹姆斯·林顿的家。他是那个时代著名的艺术家、诗人、政治作家和木刻艺术家。他在外屋放置了一台印刷机。他的第二任妻子伊丽莎·林恩·林顿是一位受欢迎的作家,曾写过《葛雷里格的丽齐·洛顿》和《迎难而进》等小说。林顿还租下了花园和房子与湖之间的两大块土地。他曾经在 1865 年出版过《英国湖区的蕨类植物》一书。

金蕨(*Dryopteris affnis*)

故居所作

约翰·拉斯金(1819—1900)在布兰特伍德

**布兰特伍德，
1872—1900**

约翰·拉斯金在布兰特伍德度过了生命中最后的 30 年。他将对花园的思考带进写作工作室。

《佛罗伦萨之晨》（*Mornings in Florence*，1875—1877）
《谎言、公平与肮脏》（*Fiction, Fair and Foul*，1880—1881）
《亚眠的圣经》（*The Bible of Amiens*，1880—1885）
《19 世纪的壮阔波澜》（*The Storm Cloud of the Nineteenth*，1884）
《过去：约翰·拉斯金自传》（*Praeterita*，1885—1889）

阿加莎·克里斯蒂在格林威

Agatha Christie at *Greenway*

> 他们继续往前走,下了一座陡峭的小山,穿过树林,然后穿过几扇大铁门,沿着一条车道往前走,最后终于来到一座乔治王时代的白色大房子前。
>
> 《古宅迷踪》

格林威是一座让人迷失的花园。当落日余晖洒落在最后一批离园游人身上时,空气中不经意间多了一缕寒意。此时,一阵微风从达特河面滑过,白日里河面上嘈杂的船声也逐渐消失。茶花园里,当时尚未拆除的温室外墙变得阴暗潮湿。如果你疑神疑鬼地转过身来,想看看身后是否有人,也是可以理解的……因为这是阿加莎·克里斯蒂的花园。再过一小时多一点,马厩里就会响起迟暮的钟声。

左图和对页图:阿加莎·克里斯蒂深深爱上了格林威,那是一栋乔治王时代的白房子,坐落在德文郡达特河河口的树林里

德文郡达特河

格林威不是阿加莎的第一个花园，也不是唯一的一个，但它却是深深刻上这位世界最畅销犯罪小说女作家个人印记的花园。幼年时，阿加莎在德文郡托基的阿什菲尔德宅邸生活，那是一栋维多利亚风格的别墅。她1890年出生，是家里三兄妹中最小的孩子。阿加莎在家中接受教育，并获准自由出入厨房花园，还能在草坪上玩门球、打网球。很快，阿加莎·米勒（当时的名字）开始探索她所处世界的黑暗边界："那是一片丛林。在我的想象中，它就和新森林一样大……树林里包罗万象……神秘、恐惧、喜悦，以及各种难以名状的东西。可是当你一出现，魔法就消失了。你又再次回到日复一日的寻常世界。"

作为米勒家族的财产，阿什菲尔德宅邸见证了阿加莎双亲的去世、她本人与阿奇博尔德·克里斯蒂的暴风雨般的婚姻，以及女儿罗莎琳德的出生。事实上，阿加莎对阿什菲尔德宅邸用情颇深，这里有她无数的回忆。直到50岁的时候，她才狠下心来离开这里。那时她与第二任丈夫——考古学家马克斯·马洛文幸福地步入婚姻，并共同居住在沃灵福德的冬溪屋。冬溪屋能方便地去往牛津大学，它本身还有一个延伸至泰晤士河畔的大花园。可是阿加莎总是将那里称作"马克斯的家"，她本人始终深深地眷恋着德文郡。在阿加莎心中，阿什菲尔德的地位无可替代。直到1938年，她才得以用6000英镑买下格林威及其周边14.5公顷（36英亩）的土地。那时她已经是享誉世界的小说家了。

阿加莎甚至难以相信自己真的拥有了这么好的地方，总担心这不是真的。事实上，她的担心也是有道理的。1942年10月，因为战争需要，格林威被美国海岸警卫队征用。直到1945年圣诞节，阿加莎才得以再次回到格林威："在一个晴朗的冬日，我们重返格林威，那里美丽依旧——但却已成为荒野，一片美丽的荒野。步道早已隐匿在杂乱的灌木林中，厨房花园亦无踪影……四处都是杂草，果树也疏于修剪。从很多方面看，这确实挺让人伤心的……但毫无疑问，它美丽依旧。"

阿加莎·克里斯蒂
在格林威

弗朗西斯·德雷克爵士率军与西班牙无敌舰队作战期间，曾经在达特河河口待过一段时间。格林威一度为约翰·吉尔伯特爵士所有

¶ 阿加莎·克里斯蒂之前的格林威

从园丁的视角来看，在阿加莎买下格林威之前，它就已经有着悠久而引人入胜的历史。

格林威位于达特茅斯海军港口的上游，达特河的一个转弯处上方的海角上。在与西班牙无敌舰队作战期间，弗朗西斯·德雷克爵士捕获了一艘西班牙船只。当西班牙人的船被扣押在达特茅斯时，船员们被派去为约翰·吉尔伯特爵士——沃尔特·罗利爵士[2]的同父异母兄弟——建造格林威的城墙和道路。

在该遗址上，原来有一所始建于16世纪的房子——格林威法院。但是，现在能看到的房子大约建造于1780年的乔治王时代。18世纪90年代，布里斯托尔商人爱德华·埃尔顿买下了这处房产。他还修建了茶花花园和进入庄园的行车道。但是，在园林艺术方面对格林威影响最大的是卡里昂家族，他们在房子周围种植了土耳其橡树和北美鹅掌楸。理查德·哈维于1852年买下了这处房产，他的堂兄修复了凯尔海斯城堡，并在花园里新建了温室，引种了槐树、穗花牡荆和桃金娘等外来植物。

1882年，托马斯·波利索以4.4万英镑的价格购买了格林威（其时它的面积更大，为121公顷，约合300英亩）。在他的时代，新西兰亚麻、柳叶红千层、金花草和班克斯玫瑰等植物被引种到格林威。后来，托马斯·波利索的女儿和女婿查尔斯·威廉姆斯接管了庄园的日常运营。查尔斯·威廉姆斯是一位知识渊博且充满热情的园丁。水仙、杜鹃，尤其是木兰，都是从康沃尔的苗圃采购的，经过此番改造，格林威成为今天人们看到的样子——汇集了各种奇异、罕见、野生，以及常规植物的迷人聚合体。

1946年,阿加莎和她的丈夫、考古学家马克斯·马洛文在格林威的炮台上休息

¶ 马洛文夫妇

在格林威,阿加莎和马克斯一般被称作"马洛文夫妇"。在经历了第一任丈夫对婚姻的背叛后,阿加莎极其注意对个人和家庭隐私的保护,甚至短暂地"失踪"了一段时间,以疗愈受伤的心灵。她始终惧怕公众和媒体的过度关注。马洛文夫妇喜欢高大乔木和繁茂灌木的遮蔽,从而躲开过往船只或河上的短途旅行者的窥探。

他们做的第一件事就是将威廉姆斯请回来,协助辨认灌木丛和树木品种。他们夫妻俩虽然都不具有这方面的专业知识,但饱含学习热情,希望能够好好地照料花园。到 1949 年,马洛文夫妇在原来的厨房花园里建起了一座苗圃。同年,阿加莎的女儿罗莎琳德嫁给了安东尼·希克斯。罗莎琳德的第一任丈夫在"二战"中阵亡了。20 世纪 50 年代,由于电影和电视的兴起,阿加莎的名气也越来越大。此时,希克斯一家接管了格林威的运营工作。

与房子距离最近的是玉兰树。西侧草坪上种植有一株年代久远的高大广玉兰,坡下则是白玉兰和川赤芍。在马厩的上方——现在被改造为

炮台遗址可以追溯到拿破仑战争时期。阿加莎·克里斯蒂在好几部小说中都提到这里，包括《啤酒谋杀案》

阿加莎·克里斯蒂
在格林威

享用下午茶的场所——种有几株滇藏木兰，它们柔软的粉色花瓣经常落在树下的鹅卵石上。

阿加莎非常喜欢格林威，甚至因为要经常陪伴马克斯在伊拉克进行考古挖掘工作而无法很好地照料花园，感到愧疚不已（马克斯是伊拉克尼姆鲁德，也即亚述古城考古挖掘的主要推动者，在此前的一百多年中，尼姆鲁德并没有为大多数考古学家所关注）。《命案目睹记》这部小说就是阿加莎在尼姆鲁德考古现场外创作的。

尽管如此，只要他们在格林威，这里就充满了爱与欢乐——罗莎琳德、安东尼、阿加莎的外孙马修·普里查德和其他许多家庭成员以及他们的朋友都曾在花园里玩耍、打网球，在河上划船游玩。马修回忆称，"二战"后，格林威是家族生活的中心，"我们在那里消夏；战争的艰辛和它给家族带来的伤害与苦难都得以慢慢平复。外祖母每年都会去格林威，并完成一部小说作品。在那儿，似乎空气中都弥漫着浓郁的幸福……在美丽的花园里，随处可见挂果的桃树，杜鹃和山茶亦争相竞放。生活是如此宁静美好"。

1973 年，阿加莎在格林威度过了人生最后一个圣诞节。回想起数年前住过的房子，她写道："在我的梦中，格林威或冬溪屋似乎从未出现过。阿什菲尔德却总是萦绕不去。"当阿什菲尔德宅邸在 60 年代被拆除时，阿加莎悲伤得痛哭不已。

新时代

幸运的是，格林威并未让阿加莎流泪。在她去世后，马克斯、罗莎琳德和安东尼都在那里度过了余生。从 2000 年开始，格林威进入了新时代。它被国家信托组织[3]接管，但阿加莎家族的后人始终参与它的运营和维护工作。格林威的美好之处在于，即使游人如织，但只要稍微远离房子，总能迅速找到宁静一隅。花园光影斑驳、明暗错落有致——既

有阳光明媚的草坪，亦有蜿蜒于树林中的林荫小道。到了春天，随处可见报春花、野蒜和风铃草的身影。过去有段时间，小路一度破旧、泥泞，现在也修复如初，并且得到了加固，以适应格林威从家庭花园变为公共花园的身份转化。

花园里，很多高大乔木种植于18世纪和19世纪。在它们的庇护下，杜鹃、木兰、山茶，以及许多并不常见的品种，如橡树、松树、栗树和山毛榉都自得其乐地生长着。阿加莎非常享受树木遮蔽下的个人生活，并且鼓励种植更多的树木。她和马克斯对种树的要求极为迫切——一旦做出决定，甚至都不愿意等到明天，最好当天完成。

国家信托组织委托的管理小组已经花费了十年时间对格林威的植物进行分类标识（截至目前大约录有3000条记录），这个数字还在不断增长，发现了很多来自南半球，例如智利和澳大利亚的植物。这些树木目前有充足的生长空间，而且园丁们会定期进行专业修剪，在原本密不透风的树墙上为游人打开一扇新的风景窗口，使人们在漫步途中得以瞥见达特河两岸的河畔风光。

格林威的林间小道蜿蜒曲折，但最终通向海角和炮台的边缘——这是典型的拿破仑战争时代的防御布局。这一景致在阿加莎·克里斯蒂的几部小说中都出现过。在《啤酒谋杀案》中，阿加莎曾进行了精准的刻画：

上左图、中图和右上图：在格林威，不同品种的杜鹃花正在盛开，左侧深红色的这株尚未完成品种识别；中间这株是"不丹杜鹃"（*Boddaertianum*）；右边的是"二乔玉兰"（*Magnolia x soulangeana*）

对页上图：春季，步道两旁的缓坡上覆盖着盛开的风信子

对页下图：在小说《古宅迷踪》里，最初发现尸体的地方就是在船屋里

阿加莎·克里斯蒂
在格林威

小池塘里有布丽姬特·麦克拉姆创作的雕塑作品

"波洛从外面的阴凉处进来时,刹那间眼花缭乱。炮塔位于人工构建的高地上,装配有大炮,临海而设。炮台前后都有树木遮挡,可这依然是在海边,下面除了蓝得耀眼的海水,一无所有。"

有一条小路蜿蜒而下通向船屋——那儿通常被称作罗利爵士的船屋——但实际上它是后来才修筑的。顺着坡道往下走是茶花花园,里面还有一些当年可能是用来保护茶花的温室遗迹。事实上这些茶花非常适应德文郡温和的气候。

格林威有两处带围墙的花园。南侧花园原本是厨房花园,里面种有一株老紫藤树,还有一些苹果树和紧贴南墙种植的葡萄。此外,南花园还是一处受法律保护的排练戏剧和举办文艺活动的场所。北花园目前是工作区和修复后的度假屋所在地。希克斯夫妇曾在这里经营一家商业苗圃,他们计划在这里种植更多的植物。

21世纪,格林威也进入了新纪元。阿加莎和她的家人在曾经属于植物猎人、海战枭雄和冒险家的"圣殿"中亦占据了一席之地。

故居所作

阿加莎·克里斯蒂（1890—1976）在格林威

格林威，

1938—1976

众所周知，阿加莎·克里斯蒂声称她可以在任何地方写作，只要有一张稳定的桌子和一台打字机。在她的第一部小说《斯泰尔斯庄园奇案》（*The Mysterious Affair at Styles*，1920）中，就出现了比利时侦探赫尔克里·波洛；到最后一部马普尔系列小说《沉睡的谋杀案》（*Sleeping Murder*，1976），阿加莎一共创作了超过100部小说、戏剧、短篇和非虚构文学作品。

在格林威完成的小说

《啤酒谋杀案》（*Five Little Pigs*，1943）
《古宅迷踪》（*Dead Man's Folly*，1956）
《无妄之灾》（*Ordeal by Innocence*，1958）

其他部分作品

《谋杀启事》（*A Murder is Announced*，1950）
《命案目睹记》（*4.50 from Paddington*，1957）
《破镜谋杀案》（*The Mirror Crack'd from Side to Side*，1962）
《帷幕：波洛的最后一案》（*Curtain: Poirot's Last Case*，1975）

毕翠克丝·波特在丘顶农场

Beatrix Potter at *Hill Top*

> 去往渡口的路上，住着一位采石工，他有一些特别好看的福禄考，它们种在月桂树中间会很好看……我要在杜鹃花丛之间种上些百合……
>
> 毕翠克丝·波特，1906 年

对于所有喜欢毕翠克丝·波特的人来说，萨维里附近的丘顶农场一直都是熟悉的名字，因为大家小时候都读过波特小姐写的童话故事，或许现在也正在给自己的孩子或孙辈们读呢。石板屋顶的农舍有门廊、小路和花境，蔬菜花园外还有绿色木门相配——就好像毕翠克丝笔下的童话世界，这里也是傻鸭子杰迈玛、小猫汤姆、小老鼠塞缪尔们的冒险之地。

1905 年，时年 39 岁的波特小姐已经是很成功的儿童作家和画家了，她在苏格兰湖区南部购买了这个叫作丘顶农场的土地和部分建筑。那时候她还和父母一起住在伦敦，已经写了第一批童话，那是关于彼得兔、小松鼠纳特金、小兔子本杰明、刺猬夫人温迪琪的有趣故事。也就在那个时期，毕翠克丝失去了未婚夫，同时也是她的出版商诺曼·沃纳。他不仅珍爱毕翠克丝的作品，也爱慕这位才华横溢的女性。可是突然的病逝让她永远失去了这位知音，带着伤心，也带着父母那令人窒息的期望，她想离开伦敦中产阶级固有的生活。

用第一本书出版的稿费，再加上姑妈的遗产，毕翠克丝花费 2805 英镑买下了 14 公顷（34 英亩）的土地，这几乎是丘顶农场之前价格的双倍，但她并不介意。波特小姐很多年前就来过湖区，她经常住的雷堡距离萨维里没几公里，现在她终于拥有了真正属于自己、热爱已久的那片风景。

虽然这里只是偶尔来住的居所，但毕翠克丝积淀多年的审美终于可

对页图：丘顶农场的蔬菜花园。丘顶农场位于湖区，这里完美地展现着食用作物和观赏植物的结合

以在丘顶农场得以实践并实现。列次旅行中的所见所闻，还有那个时代的工艺美术运动都对她产生了很大的影响，可能格鲁特·杰基尔的花园色彩理念也让她得到启发。毕翠克丝开始着手扩建房子，为佃农增加了一个耳房，这样农夫还可以继续住在那里并耕作这块土地。她在外墙贴上了灰色的鹅卵石来掩饰新增的建筑物——她不喜欢粉刷成新房，因为觉得那样会让房子在景观中显得太突兀了。她的室内装饰多用老橡木家具，还有那些精心挑选的作品，营造出了自己心仪的浪漫效果和理想中的湖畔农舍风格。

左图：春末夏初，白花的紫藤盛开，装饰着丘顶的前廊

右图：穿过村舍花境的小路是本地莱克兰板岩铺设而成的

毕翠克丝·波特
在丘顶农场

如今，毕翠克丝第一次拥有了属于自己的户外空间，这里将成慰藉心灵和激发灵感的自然场所。她迫不及待地想要把花园建设成自己心中的那个样子，很多想法和创意灵感来自她祖父母在威尔士格维尼诺格的围墙花园。这座花园也正是她笔下《弗洛普西小兔》的故事背景。她改动了门前车道的位置，为房屋前方的花园腾出了更多的空间，并在路旁增加了小边门。然后设计了两条路径，和我们现在看到的一样：一条通往农场，一条通往房屋。她建起了新围墙，现存的厨房花园当时用一个新的围场和一座花床连接了起来，周围是一圈布拉塞石板小径。由于毕翠克丝最初只在这里待很短的时间，大部分时候得依赖当地的工人来建设，所以她的改变并非总能按照计划实施。1906年的早春4月，毕翠克丝回来后发现，自己原本希望保留的一片小的草地和农舍花境变成了一大片平坦的草场地，她立刻着手整理花床，重新塑造了今天我们仍能看到的长长的农舍花境。

毕翠克丝喜欢种植花草，还常去其他人家的花园要些植物回来种，本地村民也经常会挖一些送给她，因为都知道她有很多空地可以种！1906年9月，她给米莉·沃纳写的信中说道："我每天都在辛勤地种植，拐角处农舍的泰勒夫人又送了我一些虎耳草礼物，虽然现在时节不太合适，但还是很感谢她的好意。"

¶ 劳动之爱

我们很难找到一个种着这么多植物的花园。从毕翠克丝的信和笔记中可以了解到，她种了杜鹃花和月桂树，把它们作为灌木覆盖，其间又点缀以百合、蜀葵、福禄考、虎耳草和日本银莲花。从她父亲鲁伯特拍摄的照片可以看出来，这里虎耳草的茎秆比伦敦的品种要长，里面还夹有长茎的报春花。毕翠克丝还在文字中写到她在果园里种了很多苹果树、梨树和李子树，并且在果树下种了雪片莲和一些野生的洋水仙。

花园是农舍风格的,这是园艺家杰基尔提倡的,尤其适合房屋本身的风格。季节回转,毕翠克丝边做边学,她很爱在花园里劳动。蔬菜花园是她尤其喜欢的,也就是她笔下《彼得兔的故事》中那位倒霉的麦克格雷戈先生的菜园。在花园的选材方面,她遵循工艺美术运动倡导的理念,使用很多本地材料,比如橡木、板岩和湖畔石。沿着小路,她设计了一座橡木棚架来支撑苹果树,这种将果树枝条引导为平面造型的园艺手法在欧洲一直很流行,这个棚架一方面可以支持果树,另一方面也正好将花园的空间做了一个划分。在此之前,她为祖父母的花园画过的草图中就展示过这个想法,这在《小猫汤姆的故事》中也有清晰的描绘。

丘顶农场成为毕翠克丝释放创造力的新源泉。这里的一切很快就被描绘在她1905年以后创作的作品里。水鸭杰迈玛的蔬菜花园就在这里,和今天的很像。《小老鼠塞缪尔的故事》也像发生在这里,屋里的墙壁和老橡木镶板都是小老鼠活动的场景。

毕翠克丝·波特
在丘顶农场

¶ 两座花园的故事

对页图：芍药（对页左图）、白花虎耳草（对页中图）和西伯利亚鸢尾（对页右图）都是毕翠克丝种在丘顶花园中的植物

下图：毕翠克丝·波特在丘顶农场建造菜园时，心中已经有了麦克格雷戈先生这个人物形象了

　　1913年，毕翠克丝嫁给了当地的律师威廉·西里斯，开始了新生活。她搬进了位于尼尔·索瑞村另一头的城堡小屋，那时候她已经在这个地区购买了好几个农场，包括城堡农场。她有了两个完全不同的角色：一个是西里斯太太、农场女主人和乡村妇女，她还逐步参与当地政务和地区保护等事务；另一个角色是毕翠克丝·波特小姐，深受读者欢迎的儿童作家和艺术家。

　　在城堡小屋居住的时候，毕翠克丝种了很多自己喜欢的高山杜鹃、映山红、贴梗海棠，还有围绕着小屋的玫瑰和绿篱。在这里她有了更多

的空间和土地,成为一名真正的农场主——农场的房子归她使用,与此同时,丘顶农场也总是被占用。人们也能窥见毕翠克丝善于劳作的一面。1923年她扩建了房子,并为居室和花园增加了装饰性元素,比如修剪整齐的造型树木和一些装饰性的(而不是功能性的)石墙,此前在丘顶农场她还没地方发挥呢。从新扩建的起居室望过去,毕翠克丝可以一眼就看到丘顶农场,正如当年她住在丘顶农场的时候,她能在写作室遥望城堡小屋一样。

这两座花园代表了这位女性的两个不同性格面。当她想成为"波特小姐"的时候,她就去往丘顶农场,在那里继续写作,并接受与工作有关的客人的拜访。在城堡小屋,她就是西里斯太太、寻常的农妇、一位律师的妻子,小心翼翼地保护自己的私密空间。

城堡小屋在她后来写作的书里多有体现,比如《城市鼠约翰尼的故

上图:花草和多年生蔬菜争抢花园的空间

后续跨页图:在尼尔·索瑞村,毕翠克丝把她的时间分成了两部分:丘顶农场(左)的工作时间和城堡小屋(右边远处)的家居时间

事》，这被认为是她所有故事中最有自传色彩的一部作品。在这个故事中，她谈到不同的地方适合不同的人，也同样适用于自己的两面性。当她想再次成为"波特小姐"的时候，她就可以穿过小巷，经过一个小小的邮局后到达一扇小门，这里是属于自己的丘顶农场。

¶ 作家的遗赠

毕翠克丝和先生威廉一直都生活在尼尔·索瑞村，直到1943年她去世。几年后威廉也去世了，毕翠克丝留下了大量可观的遗产：土地、农场和房屋，大约1620公顷（4000英亩），这些后来都交给了国家信托组织。这样也就可以让这片土地按照毕翠克丝生前的意愿继续生长。

有了国家信托组织的维护，丘顶农场的花园可以再现当年的美好年华，一如当年主人在世时的盛景。直到现在，花园里所有的植物都是她当年种过的品种：小屋花园常见的花草如耧斗菜、西伯利亚鸢尾、唐松草、耐寒的老鹳草、堇菜、牛舌草、紫丁香和蓬松的羽衣草。果树和蔬菜不一定只出现在厨房花园中，生菜、南瓜和醋栗这类植物也可以出现在花境中。在花园里，草地并没有总是被修剪得整整齐齐，杂草被允许存在，所以看起来有些斑驳。在主人看来，它是一种秩序与混乱的平衡。度过寒冬之后，丘顶农场长长的花境看起来空空如也——从开始建设这座花园之后，毕翠克丝一定也很多次目睹过这一场景。那时候这里看起来什么也不会生长，但花园很快苏醒过来，植物与天气同步，并且迎头赶上了春天的节奏，所有的花朵都竞相绽放了。贴梗海棠就快开完的季节，攀缘在房屋上洁白的紫藤开始吐露出珠帘般的花序；洋水仙们开败后，牡丹开始登上绽放的舞台——这是大自然给予的能量，它也激发着毕翠克丝·波特非凡的想象力，让她的精神不断焕发，日复一日，年复一年。

毕翠克丝·波特
在丘顶农场

对页上图：毕翠克丝和威廉婚后住在城堡小屋，那里也种着两种杜鹃（西洋杜鹃和高山杜鹃），恰与丘顶农场的杜鹃花遥相呼应

对页下图：城堡小屋位于尼尔·索瑞村的边缘，毕翠克丝从窗户里就能眺望自己的丘顶农场

上图：暮春时节，经历过严寒冬日的丘顶花园，鲜花终于绽放

下页上图：老苹果园按照传统的方式，放牧着绵羊和小羔羊

下页下图：白色的丁香、粉色的杜鹃和耐寒的老鹳草一起环绕着丘顶农场的蔬菜花园

故居所作

毕翠克丝·波特（1866—1943）在丘顶农场，1913年夏日

丘顶农场，1905—1943
城堡小屋，1913—1943
（部分时期）

毕翠克丝·波特嫁给威廉·西里斯之后，搬到了城堡小屋，但她把丘顶农场作为自己的工作区。

《杰瑞米·费舍尔先生的故事》（*The Tale of Mr Jeremy Fisher*，1906）
《汤姆猫的故事》（*The Tale of Tom Kitten*，1907）
《水鸭杰迈玛的故事》（*The Tale of Jemima Puddle-duck*，1908）
《矮胖卷布丁》（*The Roly-poly Pudding*，1908），
后来改为《大胡子塞缪尔的故事》（*The Tale of Samuel Whiskers*）
《城市鼠约翰尼的故事》（*The Tale of Johnny Town-mouse*，1918）

Roald Dahl at *Gipsy House*

罗尔德·达尔在吉卜赛屋

> 最重要的是,用闪亮的眼睛注视你周围的整个世界,因为最大的秘密总是隐藏在最不可能的地方。那些不相信魔法的人将永远找不到。
>
> 《逃家男孩》

"二战"刚刚结束,作为典型的英格兰乡村,奇尔特恩的大米森登村并未遭到战时纳粹德国的大轰炸,此地延续数世纪之久的农业和乡村生活传统得以保留。按说这种宁静到乏味的地方是很难吸引一名有着传奇经历的30岁皇家空军飞行员前来生活的。此前罗尔德·达尔在非洲侨居多年,一次在利比亚沙漠的严重空难差点要了他的命。后来他在美国

左图:白金汉郡的吉卜赛屋是罗尔德·达尔的家,他在此居住超过30年

对页图:小路旁的荷兰花葱"紫色感动"开得正盛,小路通往罗尔德的写作室

生活了四年,见过沃尔特·迪士尼、富兰克林·D. 罗斯福和欧内斯特·海明威等大人物。罗尔德·达尔可不是一位普通的"二战"老兵,随着他的到来,大米森登村也就变得不再普通了。

罗尔德是大西洋两岸最伟大的儿童作家之一,像他这样的人原本应该定居在纽约、好莱坞或伦敦。他认识伊恩·弗莱明,就是后来创作了"詹姆斯·邦德"系列小说的那个作家。罗尔德曾经进入过的情报圈子本可使他的人生轨迹截然不同。他身高约1.83米,风度翩翩、英俊潇洒,本可在伦敦文坛独当一面,却在政治和娱乐圈浸淫多年后心生倦意,渴望过上一种简单的生活。到20世纪40年代末,罗尔德已经是一名成功的作家了。

晚春,吉卜赛屋的花园进入了最佳观赏期

罗尔德·达尔
在吉卜赛屋

罗尔德的作品《捣乱小精灵》（一个写给成年人的小精灵故事，讲述住在英国皇家战斗机和轰炸机里面的小精灵，专门破坏这些飞机，使它们发生故障或相撞，而让人们误以为是敌方所为）差点被好莱坞拍成电影。他的短篇小说在美国也很有市场。但是罗尔德的成长经历——他的父母都是挪威人，幼年时与家人在威尔士的农场生活——表明：他将会选择一条与众不同的道路。他的姐姐7岁时因病去世，随后不久父亲也因伤痛过度，离世了。

从一开始，罗尔德就觉得他有义务照顾他的姐妹和母亲，当时他仍然未婚，于是决定回家。起初，这个"家"指的是他母亲在拉德格舍尔住的始建于16世纪的房子。罗尔德非常喜欢马修·阿诺德的诗歌《吉卜赛学者》，至此，与土地保持亲密接触的想法在他心中萌生了。他对园艺的兴趣与日俱增。通过种菜所得可以补贴其作为皇家空军退役飞行员所得的微薄养老金、饲养猎狗并支持其成为全职作家。可是罗尔德并不安分，时不时外出旅行。他于1954年春回到美国，当时他刚与好莱坞女演员帕特里夏·尼尔结婚。

1954年7月27日，这对新婚夫妇在大米森登村郊区买了一所小别墅，取名为"小怀特菲尔德"。为此他们欣喜若狂——罗尔德确实在那里度过了余生。在一本笔记中，他写到，花园里有很多需要完成的工作——照料玫瑰、粉刷外墙、采摘樱桃……他还在花园里给自己建了一个写作小屋，在那儿能够不受干扰地工作。

帕特里夏·尼尔生下了女儿奥利维亚和特莎，还有一个儿子西奥。就是在白金汉郡的家里，罗尔德在给孩子讲故事的过程中发现了自己的文学天赋。他发现孩子们对动物很感兴趣，就在家里养了一大群兔子、母鸡，还有狗和乌龟。在儿童文学创作方面，罗尔德不想模仿毕翠克丝·波特等任何他崇拜的作家。他仔细观察果园里和爬到水果上的各种动物、昆虫，并想出了让孩子变得和毛毛虫一样大的创意——《詹姆斯与大仙桃》的故事应运而生。

作家在工作

罗尔德让人在吉卜赛屋的花园里修了一座砖造的小屋,以此作为一处安静的写作室。在那儿,他能远离吵闹的孩子和家里的各种宠物,潜心于文学创作。写作室内被分隔为前厅与内室,他经常坐在内室的旧扶手椅上,膝盖上放着一块铺着白布的写字板。因为在战争中曾经历飞机失事,罗尔德长期以来一直有背部疾病,这种坐姿是唯一能让他感到舒适的写作姿势。罗尔德只用迪克森公司生产的提康德罗加牌铅笔和黄色便笺簿写作。这些便笺簿必须从美国进口,费用由他的美国代理人从版税收入中扣除。终其一生,罗尔德都拒绝使用其他任何牌子的笔写东西,他总是抱怨其他牌子的笔芯要么太硬、要么太软,又或者是没有合适的橡皮擦可以使用。

在创作室里,罗尔德能够完全主宰自己的生活。通常他习惯拉上窗帘,防止受到外界干扰,屋里摆满了能够激发他想象力的各种小玩意儿。在从事文学创作的 36 年间,他写出了出版史上最著名的儿童书籍,却从未尝试过在创作室以外的地方写作。今天,创作室依然矗立在花园中,里面的物品却被渐渐搬空。但是在罗尔德·达尔博物馆和大米森登村的故事中心,创作室当年的内部设置被原样重现出来。

左图:罗尔德·达尔(1916—1990)工作时总是在膝盖上放着一块铺着白布的写字板

右图:写作室是罗尔德躲避喧嚣家庭生活,潜心从事文学创作的地方

❡ 儿童乐园

花园里很快出现了一些新玩意儿，这都是罗尔德最新想到的能找乐子的东西。他的小屋成了躲清闲的好地方，帮助他远离日益喧闹嘈杂的家庭生活。他还从妹妹那里要来了一辆传统的吉卜赛大篷车。这辆大篷车是罗尔德的妹妹从一位陷入困境中的吉卜赛人手里买来的。罗尔德的传记作家唐纳德·斯特罗克曾说过，这辆大篷车对于孩子们来说简直就是游玩的天堂。但是对罗尔德而言，这是对吉卜赛人自由生活以及自己成为一名自由作家的向往与象征。过了不久，他就将"小怀特菲尔德"更名为"吉卜赛屋"。

慢慢地，花园成为罗尔德与孩子们玩耍嬉戏的地方。他会想出各种关于花园里花草树木、果蔬绿植的故事，并且和孩子们一起种蔬菜和不同品种的玫瑰花。他的大女儿奥利维亚甚至学会了辨认所有品种的玫瑰，并背诵它们的拉丁学名。

然而，这种田园牧歌式的生活并未能持续太久。1960年12月，他们的儿子西奥在纽约被一辆超速行驶的出租车撞伤，此后多年都是在住院和手术室中度过。1962年冬季，奥利维亚突然死于麻疹。她去世时只

左图：花园在初夏达到最佳观赏期，多个品种的罂粟花竞相开放

中图和右图："吉卜赛屋"的花园里有几件古怪的艺术品，例如鸟舍外一对石雕北美白头鹰（中图）和一个石雕扑克牌（右图）

罗尔德·达尔
在吉卜赛屋

上图：八角形鸟舍曾经是罗尔德饲养的鹦鹉的家。白天，这些鹦鹉可以自由飞翔。现在它成为了一件单纯的装饰品

对页图：在罗尔德的几部作品中都出现过吉卜赛大篷车，例如《世界冠军丹尼》

有7岁——和罗尔德的姐姐去世时的年龄相同。

在这段悲伤的时期，对植物的迷恋帮助罗尔德渡过了难关。他向阿尔卑斯山植物专家瓦莱丽·芬尼斯寻求建议，在后者的帮助下，罗尔德在教堂墓地的一个小花园里种下了两百多种植物。日复一日，他在奥利维亚的墓旁照料着这个稀有植物的微型花园，女儿的墓碑上镌刻着叶芝的诗句："她站在我面前，就像一个活着的孩子。"

生活还得继续。罗尔德家又添了两个女儿：奥菲莉亚和露西。此时，罗尔德迷上了兰花。1963年夏季，帕特里夏和约翰·韦恩在檀香山拍戏，罗尔德则在当地寻找新品蝴蝶兰，准备带回自己的兰舍。

罗尔德的创作力十分惊人，他疯狂地写着不同的作品——电影剧本、戏剧、短篇小说，以及一系列优秀的儿童读物，包括《查理和巧克力工厂》和《了不起的狐狸爸爸》等。很多故事背景就发生在他家外面的树林里，狐狸先生与逆境作斗争，最终让家人平安渡过难关——就像罗尔德此前在吉卜赛屋所做的那样。遗憾的是，到了20世纪70年代，罗尔德与帕特里夏的婚姻开始破裂，他爱上了费莉希蒂·克罗斯兰，并与后者于1983年结婚。

对页图和上图：穿过盒子迷宫的道路（对页图）上铺满了罗尔德·达尔的儿童故事的碑文，比如这些来自《小乌龟是如何长大的》的咒语（上图）

¶ 童心未泯

虽然经历了生活的风雨考验，但罗尔德内心始终保持着一缕童真，也从未丧失对花园与园艺的热爱。他为自己的小女儿创作了一个住在果园里的善良巨人，这个巨人在《世界冠军丹尼》和《好心眼儿巨人》两部作品中都出现过。

每当罗尔德对文学世界感到厌倦或疲惫时，他就会投身到花园中。写完《世界冠军丹尼》后，他花了九个月的时间持续不断地打理花园。有时候当他的作品受到批评，他就会全身心投入到兰花种植中，直到再次萌生写作的欲望。

在生命中最后的岁月里，罗尔德完全生活在习惯当中。那时，他在吉卜赛屋已经生活了 30 多年，非常享受穿过花园到写作室进行创作，在温室照料兰花，以及和家人共享美食、美酒的生活。

在最珍爱的女儿奥利维亚的墓旁，在他喜爱的奇尔特恩乡村和林间，罗尔德找到了内心安宁之所。那些认识罗尔德的人，往往用"有趣""喜怒无常""经常令人震惊"等词形容他。其实，罗尔德自身的复杂性，也许只有通过园艺和写作才能宣泄出来。

当费莉希蒂来到吉卜赛屋后，原有的温室和游泳池被一个新建的客房所取代，花园也被重新设计。罗尔德被迫承认，他的身体状况已经无法支撑其继续工作了。他在监督最后一个改造项目——新的围墙花园建设时，不得不委托一名园丁全权负责。

费莉希蒂·达尔和她的家人继续住在吉卜赛屋，照料罗尔德创建的花园。罗尔德于 1990 年去世，在此后的 25 年里很多事情都发生了变化：花园里新种植了紫杉树；步道两侧也种上了玉簪；迷宫则是为了纪念这位作家和他的作品新建的。但是，罗尔德强烈的精神印记依然存在，人们走在那条罗尔德亲自种下的椴树步道上时，总会想起这位 20 世纪的天才在那里创造了文学史上永不磨灭的经典形象。

故居所作

《好心眼巨人》里面的话

吉卜赛屋，

1954—1990

（部分时间）

罗尔德·达尔是一位著作等身的作家，他最著名的作品是儿童读物，很多都被拍成电影和舞台剧。

《詹姆斯与大仙桃》（*James and the Giant Peach*，1961）
《查理和巧克力工厂》（*Charlie and the Chocolate Factory*，1964）
《魔法手指》（*The Magic Finger*，1966）
《了不起的狐狸爸爸》（*Fantastic Mr Fox*，1970）
《世界冠军丹尼》（*Danny The Champion of the World*，1975）
《好心眼儿巨人》（*The BFG*，1982）
《玛蒂尔达》（*Matilda*，1988）
《逃家男孩》（*The Minpins*，作者逝世后于1991年出版）

罗尔德·达尔还写过很多短篇小说，并为三部电影撰写剧本：《你只能活两次》（*You Only Live Twice*，1967）、《飞天万能车》（*Chitty Chitty Bang Bang*，1968，联合创作）和《威利旺卡和巧克力工厂》（1971）。他与第二任妻子费莉希蒂合著了《吉卜赛屋的美食记忆》（*Memories with Food at Gipsy House*，1991），以此纪念他对美食的热爱。

Charles Dickens at *Gad's Hill Place*

查尔斯·狄更斯在盖德山庄

> 我有一个希望，一株桑树和一个欢迎……
>
> 查尔斯·狄更斯，1858年

在《不做生意的旅行者》一书中，狄更斯曾写过这样一个故事：一个小男孩经过肯特郡盖德山的一座红砖房子，他的父亲告诉他，如果他非常努力地工作，有一天这座房子就会属于他。这个小男孩其实就是查尔斯·狄更斯本人。1817年到1822年间，狄更斯的父亲在查塔姆造船厂工作，上述一幕很可能就是在那时发生的。目前我们所知的是，1855年2月7日，当狄更斯和朋友们在格雷夫森德庆祝完他的43岁生日后，他沿着那条通往罗切斯特的路往回走。就在这时，他在盖德山广场看到一块盖德山庄"出售"的牌子。当时，狄更斯的连载小说获得了巨大的成功——他的第一部小说《匹克威克外传》将其推向了明星作家之路——他因而有足够的资金进行不动产投资。

左图和对页图：当还是孩子的时候，查尔斯·狄更斯就爱上了肯特郡罗切斯特郊外的盖德山庄。时至中年，他终于有机会买下它

当时，狄更斯一家（妻子凯瑟琳和9个孩子）住在伦敦，而盖德山庄将成为他们新的避暑别墅，后来更成为狄更斯的久居之所。他花了1700英镑买下了这栋房子及其周围4.5公顷（约合11英亩）的土地。他还以90英镑的价格一并买下了公路南侧0.4公顷（1英亩）的土地，他们称其为"荒野"。

买下一处像盖德山庄这样的地方是狄更斯儿时的梦想，他将其称为乡村小别墅，尽管它显然不是什么乡村小屋——狄更斯自己也知道这点。对于一个曾被母亲送到鞋油作坊工作（这段经历在《大卫·科波菲尔》中被记录下来，但狄更斯从不与他的朋友或孩子谈论这点），父亲又负债累累，住在伦敦最糟糕的贫民窟中的孩子，盖德山庄的意义远远不只一座乡间别墅这么简单。

房子位于罗切斯特城外的一座小山上，那时候当地的建筑和树木都不像现在这么多，狄更斯在屋里就可以俯瞰整个城镇。屋旁的道路非常繁忙，每天有60~70辆汽车经过，还有大量军人通过此路往返于查塔姆的驻军和海军造船厂。

1856年，狄更斯买下这栋房子后就开始了整修工程。他扩大了客厅，为家人和仆人增建卧室，还给男孩子们隔出了一间教室。为了保护家庭隐私，他在房前的路侧种了一排欧洲椴树。在给排水工程方面，狄更斯也进行了大手笔的改造，新打了一眼井并安装了水泵。维修改造需要耗费大笔资金，总是在为钱担忧的狄更斯决定做一些公共阅读活动，以补贴房屋改造和日常维护费用。

❡ 狄更斯和他的花园

尽管狄更斯早就将前门旁的房间定为书房，但是盖德山庄从来就没有"消停"过。1864年圣诞节，狄更斯的客人们被"诱骗"到房子附近的希甘车站，在那里接受他的演员朋友查尔斯·费切特赠送的一份

对页上图：狄更斯修建了一条隧道，通往他在道路另一边的写作小屋

对页下图：原本位于盖德山庄的瑞士小屋已经搬到了罗切斯特市的东门屋旁

礼物——一栋真正的瑞士林间小木屋,小木屋被拆成44个零件,所有客人都要帮忙将零件搬上马车以便运回庄园。

狄更斯安排工人将小木屋建在"荒野"小路的尽头,也就是房子对面的那块空地上。从平面图上看,那里是精心布置的灌木丛,其间有弯曲小路通行。

为了能走到"荒野"那儿,狄更斯甚至在繁忙的格雷夫森德地下修建了一条通往罗切斯特路的隧道,将其作为私人道路。目前这条隧道依然存在,但是路面已经建起了私人住宅和花园。

每天早晨工作前，狄更斯都会带着锤子、钉子和泥铲在房子和周边空地上走一圈。他一丝不苟地将所有东西都收拾得整整齐齐，看到任何能修补或整饬的地方，就会马上着手进行。如果他觉得自己无法胜任，就会给园丁查尔斯·巴伯留个便条，叮嘱他尽快完成工作。巴伯是狄更斯的好友约瑟夫·帕克斯顿推荐的，他之前在塔维斯托克庄园工作。到了盖德山庄后，巴伯一直留在那里工作直到退休。乔治·布伦特是巴伯的继任者。在盖德山庄，园丁通常居住在农舍里。

自从狄更斯住到庄园后，那里经历了很多变化，但基本布局改变不大。在最前方的车道旁，有草坪和种有月桂的中央花坛。房子的一边是蔬果园，能够为全家供应农产品，果园中间种有一株老桑树。屋后是一片垫高的草坪和花园边界，在那儿能够俯瞰一大片草地。草地能为狄更斯的马提供充足的食物来源。狄更斯很快就不满足于庄园现有面积，于是，在1868年买下了房子后面的5.5公顷（约合14英亩）草地。

狄更斯非常钟爱自己的花园，并努力照料它。庄园里曾经有一片葡萄园，狄更斯将其改造成草坪和槌球运动场。在狄更斯看来，种植方案中最重要的就是植物色彩搭配。在一楼的窗户下，他为"天竺葵剧院"搭建舞台，因为那里种有许多绯红色天竺葵"波洛克夫人"。狄更斯喜欢在衣服的纽扣孔里别一枝天竺葵。据说狄更斯的女儿凯蒂坚信，当她的父亲成为天使时，他会戴上天竺葵做成的花环和用许多镜子做成的翅膀，以照亮整个屋子。

狄更斯住在盖德山庄初期，想建一座温室，而这个想法直到1867年至1868年他完成最后一次美国巡回阅读之旅，并获得足够资金支持后才实现。维多利亚时代的人们对蕨类植物和其他异域植物的迷恋在那时达到了顶峰，狄更斯的大女儿玛米对此也同样着迷。狄更斯从当地的伊尔曼苗圃购买了两种非常昂贵的蕨类植物：银树蕨和软树蕨。狄更斯始终对山庄的维护成本非常忧心。当乔治·布伦特继任园丁后，狄更斯就告诫他不要采购非必要的珍稀植物。事实上狄更斯自己并未能做到严控成本，还是同意了乔治新增 18 株天竺葵和 12 株薰衣草的采购计划。

❡ 别样生活

盖德山庄成为狄更斯真正意义上的家，因为这儿的许多生活别处没有。狄更斯喜欢当乡绅，夏季有槌球和板球比赛，可以邀请朋友欢饮聚会，女儿玛米则以钢琴演奏助兴。冬季，他们就在室内做游戏。狄更斯还会带领客人们参观罗切斯特大教堂，或者到肯特郡乡村转转，看看当地的啤酒花田。

但是，购买盖德山庄同样意味着狄更斯的公共和私人生活出现了重大转折。他对伦敦的生活已经没有兴趣，两年后和妻子凯瑟琳分居。他和艾伦·特南开始了一段恋情，但又不得不对公众保密。他越来越努力地工作，在英国和美国进行艰苦的巡回演讲。他对家庭成员肩负的经济责任越来越大，始终担心无法获得足够的收入——《大卫·科波菲尔》中米考伯先生那些关于钱财的著名言论，反倒成了狄更斯生活的写照。他在盖德山庄创作的许多作品，例如《双城记》《远大前程》《我们共同的朋友》，以及最终未完成的遗作《埃德温·德鲁德之谜》的写作风格都明显比一些早期作品消极、阴暗。

当狄更斯希望回到平静、隐匿的写作状态时，他会退到"荒野"中的瑞士小屋。1868 年 5 月 25 日，他在给美国朋友安妮·菲尔兹太太的一封信中，描述了小屋给他带来的轻松愉悦感："我的房间在林木之间，鸟儿和蝴蝶可以自由进出。绿色的枝杈从窗间伸入，斑驳的光影打在游走的人身上。"

在狄更斯去世的前两天，盖德山庄的温室才刚刚竣工。1870 年 6 月 7 日晚，狄更斯醒来后决定把刚从伦敦寄来的中国红灯笼挂起来。第二天，他因中风病倒，最终于 6 月 9 日去世。凯蒂后来回忆起他们在盖德山庄共同度过的最后几天里的一个晚上，狄更斯和家人安坐在温室里，灯光

文学的联系

据说查尔斯·狄更斯能背诵莎士比亚所有的剧本,而且总是随身携带一本莎士比亚诗集。有趣的是,狄更斯家对面的旅馆就叫作"约翰·福斯塔夫爵士"。这个名字来自莎士比亚《亨利四世》第一部分中的故事:福斯塔夫和他的朋友在去坎特伯雷的路上密谋抢劫富有的朝圣者。这可能是狄更斯买下房子的原因之一。后来,他在莎士比亚斯特拉特福德故居的一次拍卖中买了一些木制家具,把它们做成长凳和邮筒,摆放在盖德庄园的前门廊上。

前廊上的邮筒和长凳

1871年,也就是狄更斯去世一年后,S. L. 菲尔德斯为他的书房画了一幅素描

调得很暗,浮动的花香透过窗户飘进屋内。一缕"光"即将熄灭,不仅对凯蒂如此,对成千上万的狄更斯追随者来说亦如此。

¶ 狄更斯去世后的盖德山庄

根据狄更斯的遗嘱,在他逝世后盖德山庄要出售。后来他的大儿子查理买下了庄园,并且和妻子贝茜长居于此。在经过了长期的疏离关系后,他们将狄更斯的妻子凯瑟琳迎回了家。随着时间的推移,这处房产最终脱离了狄更斯家族。狄更斯的创作小屋——瑞士小屋被挪到了罗切斯特的伊斯特盖特屋旁。伊斯特盖特屋曾出现在《埃德温·德鲁德之谜》一书中,是修女的房子。

盖德山庄曾经由好几个业主共同所有。1923年,伯特先生为了给三个女儿建一所女子寄宿学校,就将其买下。直到今天,它仍然是一所供走读生就读的学校。但狄更斯曾经住过的房子被空置出来,由专门的信托组织负责筹集资金,将其改造成"狄更斯遗产中心"。尽管如此,地面修复、老家具收集等依然是棘手的难题,因为狄更斯使用过的很多家具都分散于各处私人买家收藏者手中。

上图：屋后生长的黄木香

中图：温室在狄更斯去世前几日才竣工

下图：狄更斯亲自挑选的中国灯笼被悬挂在温室里。温室里种植了树蕨、棕榈、新西兰麻、桃金娘、倒挂金钟、天竺葵和大量的蕨类

故居所作

查尔斯·狄更斯（1812—1870）在写作

盖德山庄，1856—1870

查尔斯·狄更斯是一名多产的作家——月均出版 7000~20000 字的作品，这一出版节奏贯穿了他的整个作家生活。他习惯用一支羽毛笔在粗糙的纸上写作，偏爱明亮的蓝墨水。写作时总是将纸对折，变成他所谓的"纸条"。

《双城记》（*A Tale of Two Cities*，1859）

《远大前程》（*Great Expectations*，1860—1861）

《不做生意的旅行者》（*The Uncommercial Traveller*，1860—1870；包括 37 个短篇）

《我们共同的朋友》（*Our Mutual Friend*，1864—1865）

《埃德温·德鲁德之谜》（*The Mystery of Edwin Drood*，1870）

Virginia Woolf at *Monk's House*
弗吉尼亚·伍尔夫在蒙克屋

> 这是一栋不装模作样的房子，修长、低矮，有许多扇门，一面正对着罗德梅尔街，另一面嵌着木板。
>
> 弗吉尼亚·伍尔夫，1919年

那些在英格兰南部海岸刘易斯附近的罗德梅尔小镇上朝圣的人，当他们找到弗吉尼亚·伍尔夫故居时，会发现自己竟置身于一间简单的木制小屋，小屋外墙上爬满了蔷薇花。这儿气候温暖舒适，甚至是过于舒适了，一点都不像是这位才华横溢却命运多舛的天才故居所在地。伍尔夫在59岁时结束了自己的生命。

1919年，弗吉尼亚和伦纳德·伍尔夫买下了蒙克屋。此前他们一直居住在附近的阿什汉姆屋，弗吉尼亚将蒙克屋视作周末逃离城市生活的

下图：位于苏塞克斯郡的蒙克屋的外墙上，爬满了盛开的蔷薇花

对页图：弗吉尼亚和伦纳德·伍尔夫都喜欢农舍花园的野性美。今天，一年生罂粟与葱属植物和灌木玫瑰混种在一起

弗吉尼亚·伍尔夫
在蒙克屋

上图：在花园里无论走到哪个位置，都能看到罗德梅尔的教堂尖顶

下左图、下中图和下右图：年代久远的陶土瓮、鸟屋和石盆被放置在蒙克犀花园的植物中间

好去处。后来，他们参加了拍卖会，以700英镑的价格买下了坐落于乡村教堂旁的蒙克屋及其花园。起初，弗吉尼亚对这栋房子并不感兴趣，但所有的不满很快就因"花园的尺寸、形状、肥沃和野性"而消失。

蒙克屋包括占地约0.3公顷的花园。房子的背面和侧面种有很多果树和蔬菜。伍尔夫夫妇习惯一丝不苟地记录资金花费。由于弗吉尼亚刚刚出版了小说《远航》，他们得以为蒙克屋最早的改造区域——意大利风格花园支付费用。

最开始，弗吉尼亚在洗衣房楼上的配楼里工作。1921年，她告诉居住在查尔斯顿附近的姐姐凡妮莎·贝尔，说她将有一间由旧工具房改造而成的新花园房。这就是人们通常说的小屋。几年后，弗吉尼亚和伦纳德又获得了一片能够俯瞰卡本山和南唐斯丘陵的土地。这间小屋就被搬到果园里，以取得最佳视野。建造这间小屋、添加木制围板和屋顶板，共花费了157英镑。弗吉尼亚认为这非常值得，因为在温暖的夏夜，那儿就是她的卧室。

在新获得的土地上，伍尔夫夫妇建造了一个保龄球场，每逢周五客人们就能来玩保龄球和槌球。在低洼处，他们修建了一处椭圆形池塘。池塘的建造选用了混凝土，以满足丘陵地带露水池塘的建造要求。夫妇俩还给花园边界上的两株榆树起了名字：一株名为弗吉尼亚，另一株名为伦纳德。他们要求死后将骨灰撒在树下。

园丁的花园

弗吉尼亚和伦纳德都很喜欢这个花园。虽然弗吉尼亚在日记里详细记录了除草和播种过程，但随着时间的推移，所有关于规划、修剪、种植和建造梯田、池塘的工作都由伦纳德完成。1926年，伦纳德聘请了职业园丁珀西·巴塞洛缪，珀西与伦纳德共同工作到1945年。

珀西要照料一个大型果蔬园，里面种植着很多农产品，获得的收成

弗吉尼亚的写作室被称为"小屋"（上图与中图），它远离主楼，给作家带来了些许宁静。屋前平坦的草坪是用来打保龄球和槌球的。同时，在屋里也能看到南唐斯（下图）的美丽风光

弗吉尼亚·伍尔夫
在蒙克屋

要么分给村民,要么被送到刘易斯市场出售。花园里有五个大蜂箱,还种了很多浆果,例如草莓、覆盆子和红醋栗等。果园里还种了不少苹果、梨、木瓜和枸杞。珀西的女儿玛丽是蒙克屋的志愿者,她记得伦纳德经常和父亲一起修剪果树、收集蜂蜜。在秋季,伦纳德会从果园里采些水果,然后挎着果篮子送到墙外面的乡村学校。

在花园里,弗吉尼亚最喜欢的地方也许是果园。她在其短篇小说《果园》里讲述了一个小女孩醒来后发现自己身处苹果园的故事。书中描绘的很可能就是蒙克屋的果园。在果园里,小女孩能听到孩子们玩耍的欢笑声。今天,你依然能听到这些欢快的声音。

伦纳德喜欢让花园保持自然的野性——一切植物为了争夺生存空间彼此竞争。他还喜欢大胆的色彩搭配——将火炬花与大丽花组合在一起——而不是柔和的粉色系花卉。在兴趣的驱使下,伦纳德通过学习成了一名地道的种植园主。他在房子旁边种了一株大沙棘,还种了一些有趣的植物,例如金链花、木兰、凌霄、腊梅以及三株银杏(现在仅存两株)。弗吉尼亚对于伦纳德在花园里大手大脚的花费非常不以为意,将他的三个温室斥为"伦纳德的水晶宫殿"。伦纳德酷爱收集仙人掌等热带植物。

混凝土圆形露珠池与苏塞克斯郡的风光相匹配

意大利风格的花园以及里面的瓮和雕像都是弗吉尼亚对花园的贡献

每当弗吉尼亚不在时,园丁就会趁机给温室的锅炉里多添一些燃料。

¶ 作家的花园

1940年,弗吉尼亚和伦纳德在伦敦的公寓毁于战火。两人将所有仅存的家当都搬到了蒙克屋,苏塞克斯郡成为他们唯一的家。伦纳德全身心地投入到花园的经营和维护工作中。但对于弗吉尼亚而言,花园只是文学创作的背景和激发灵感的源泉。她虽然也喜欢在花园里散步,采摘

弗吉尼亚·伍尔夫
在蒙克屋

蔷薇在弗吉尼亚卧室的窗外盛开

一些鲜花摆放在室内，但更多时间她还是会找一个安静的地方写作或读书。她在日记中写道："花园从来没有像现在这样可爱——一片火红、粉、紫、嫣红，令人眼花缭乱，一簇簇康乃馨和玫瑰像彩灯般明亮。"

在安静的日子里，如果天气足够温暖，弗吉尼亚就会在小屋里写作、修改样稿。下午，她会到镇上逛逛，并在四点准时返回并享用下午茶，然后接着写信和写日记。跟伦纳德一样，弗吉尼亚的生活安排也十分有规律。很多时候，穿过花园到达写作小屋对她而言具有某种宗教般的仪式感，能将文学创作与花园联系起来。

他们家经常会来一些风趣幽默的人，弗吉尼亚喜欢这种生活。访客主要是布卢姆斯伯里文化圈的成员，例如，弗吉尼亚的姐姐凡妮莎，凡妮莎的丈夫克莱夫·贝尔和他们的孩子朱利安、昆汀和安吉莉卡，画家邓肯·格兰特，约翰·梅纳德·凯恩斯以及利顿·斯特雷奇，还有她最喜欢的朋友 T. S. 艾略特、E. M. 福斯特和维塔·萨克维尔－韦斯特等。

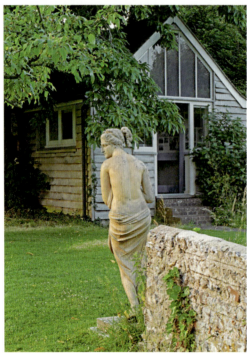

上图：果园是弗吉尼亚·伍尔夫最喜欢的去处

下左图：一座真人大小的无釉赤陶月亮女神像立于画室外，画室建于小屋之上，是为美国画家崔基·帕森斯而建

下右图：伦纳德·伍尔夫在果园里养蜜蜂，从蜂箱里收集蜂蜜

对页图：蒙克屋果园里的蔬果收成都会与当地村民共享

¶ 时光中的一瞬

弗吉尼亚去世后,伦纳德继续居住在蒙克屋。20世纪50年代,伦纳德将几间温室拆除,扩建了屋后的那间温室。他的暮年伴侣是美国画家崔基·里奇·帕森斯。伦纳德在小屋上加盖了一间画室。

伦纳德去世后,崔基成为蒙克屋的实际保管人。1980年蒙克屋委托给了国家信托组织。目前,蒙克屋不再用于居住,房子和花园完全向游客开放。

一些最初种植的树木依旧留在园子里,但更多是后来新种的。最遗憾的是,那两株榆树都已经不在了——1943年,名为"弗吉尼亚"的榆树被大风刮倒;1985年,名为"伦纳德"的榆树死于荷兰榆树病。

不过,花园还是像伦纳德和弗吉尼亚想要的那样——弗吉尼亚在这里住了22年,而伦纳德住了50年。夏天,小路两侧的植物上挂满了野生蔬果,这就是弗吉尼亚喜欢的场景。意大利花园依旧是凉爽的绿色空间,保龄球草坪也还欢迎人们时不时玩上一局。以南唐斯的自然风光为背景的果园得到了很好的维护,当地居民还能分享到果蔬收成。

一座房子,抑或是一座花园,它们承载的往往是生活于此的人们的故事。当弗吉尼亚·伍尔夫选择了苏塞克斯郡的这个宁静的角落,他们的故事也一定会被后人不断地讲述下去。

故居所作

弗吉尼亚·伍尔夫(1882—1941)半身像,斯蒂芬·汤姆林作(1931)

蒙克屋,1919—1941

1941年,弗吉尼亚·伍尔夫去世。之后,伦纳德一直居住在蒙克屋,直到1969年。

《达洛卫夫人》(*Mrs Dalloway*,1925)
《到灯塔去》(*To the Lighthouse*,1927)
《奥兰多》(自传体小说)(*Orlando: A Biography*,1929)
《一间自己的房间》(*A Room of One's Own*,1929)
《海浪》(*The Waves*,1931)
《岁月》(*The Years*,1937)

Winston Churchill at *Chartwell*

温斯顿·丘吉尔在查特韦尔庄园

> 在这儿,日子过得可真快。我几乎是露天而居,
> 全为了建一座水坝……
>
> 温斯顿·丘吉尔,1925 年

集作家、历史学家、艺术家和政治家于一身的温斯顿·斯宾塞·丘吉尔爵士,也许只有在户外劳作、打理水景园、修复建筑物或修砌墙体时,才是他最开心的时刻。这是英国最著名首相不为大多数人所知的一面。而这一切都始于肯特郡的查特韦尔庄园,丘吉尔曾长居于此。

1921 年,丘吉尔的小女儿玛丽戈尔德不幸夭折,年仅两岁。此时,

左图:在低湖湖畔的温斯顿和克莱门汀·丘吉尔雕塑,由雕塑大师奥斯卡·内蒙制作

对页图:丘吉尔定居肯特郡查特韦尔庄园的时间前后共计 40 多年

丘吉尔孜孜以求的家园不仅是一个避开外界纷扰的"避难所",同时也是一个挑战。在接下来的40年里,查特韦尔兼具了上面两重角色。

1922年秋季,就在女儿玛丽出生后不久,丘吉尔首次造访查特韦尔。从一开始,他就不可救药地爱上了这片土地。可是他的太太克莱门汀,也就是大家所熟知的克莱米却对庄园里的建筑物持严重保留态度——它确实需要彻底的整修,而且据估算,这片面积约80英亩的庄园每年的维护费相当可观。这个时期恰恰是丘吉尔在财务上最不稳定的时候。他在1923年的大选中落败,没能保住自由党国会议员的身份。此时丘吉尔已经47岁了,他的政治前景充满了不确定性。

在丘吉尔看来,相对于周围迷人的景致,这栋阴郁、残破的古老建筑物完全不值一提。他全身心地沉醉于庄园周围的山毛榉林和肯特郡粗犷原始的旷野风光。更令丘吉尔激动万分的是庄园内的天然河道。它为庄园的重新规划提供了无限可能。发源于庄园高地的溪流是肯特郡内几个湖泊的水源。丘吉尔的童年是在布伦海姆宫"全能"布朗营造的湖边度过的,他发现利用这些溪流也许可以将查特韦尔改造成与童年生活类似的环境——正是那里的自然风光滋养了丘吉尔的想象力,而这也意味着无论现实是否可行,他都决定买下这个地方。

既然处于政治生涯的低谷,丘吉尔决定通过写作养家糊口,当然也包括养护查特韦尔庄园。在其后的17年间,直到1939年"二战"爆发,他撰写了一大批讲稿、报纸专栏文章和关于历史的书籍。其中最著名的当属他为先祖——约翰·丘吉尔·马尔伯勒第一公爵撰写的人物传记。丘吉尔·马尔伯勒是赢得1704年"布伦海姆之战"伟大胜利的功臣。正是因为这次战功,才有了后来丘吉尔在其中长大的布伦海姆宫。在此期间,丘吉尔也着手撰写著名的《英语民族史》,虽然直到"二战"后他才最终完成全书,并出版发行。

在紧挨着果园后面的农舍旁,丘吉尔给自己盖了一间绘画工作室

温斯顿·丘吉尔
在查特韦尔庄园

¶ 筑梦

丘吉尔指定建筑师菲利普·蒂尔登负责整栋房子的内部重建和庭院设计。蒂尔登首先清理了攀爬在建筑物外墙上的常青藤,并移走了屋侧的一排杜鹃。这些植物对建筑的侵蚀,使得整栋房子阴暗潮湿。在主楼一侧,他新修了一翼副楼,这样建筑物内有更多房间可以欣赏到花园美景。蒂尔登还在一处台地之上修建了"夏屋"(后来这里成了"马尔伯勒展览馆")。1928 年,蒂尔登在蔬果园内为丘吉尔 6 岁的女儿玛丽设计建造了一处"游戏小屋",也就是现在被称为"玛丽小屋"的地方。

当重建工程转到户外时,丘吉尔决定亲自接管庭院景观的设计建造。

他首先对位于山谷底部的湖泊进行改造，拓宽了湖面面积——也许这是为了重现布伦海姆宫的水景。1925 年，他告诉斯坦利·鲍德温——丘吉尔修筑水坝时的工作伙伴——"通过扩大湖面面积，我希望最终能让它配得上湖泊的名字，而不是被归为小水塘"。

当丘吉尔被任命为保守党政府的财政大臣后（丘吉尔 1925 年至 1929 年间曾任此职），他在查特韦尔的生活被临时中断。然而，丘吉尔标志性的"爱德华七世时代的演讲术"早已过时，1929 年美国华尔街股市崩盘也没能替他挽回声誉。在 54 岁时，丘吉尔的政治生涯看起来即将结束，他的人生进入"在野岁月"。

此时查特韦尔和它的自然风光对丘吉尔来说就显得格外重要。政治生活的挫折使他备感痛苦，只能靠沉浸于户外工程排遣抑郁心情——尤其是通过重建蔬果园的围墙。身为联合建筑工人工会的正式成员，丘吉尔非常擅长瓦工工作，一小时内可以砌好 90 块砖。他在果园里种植了李子树、柑橘树、苹果树和梨树（所有这些都来自乔治·布内亚德在梅德斯通的苗圃）。他还为大孩子们建造了一座树屋。

尽管丘吉尔热情好客，但大部分时间他还是独自待在花园里绘画。他是一位小有所成的业余艺术家，30 年代时还专门在湖泊上建造了一间画室。他经常在户外作画，尤其喜欢将湖泊和澳大利亚政府赠予他的澳洲黑天鹅作为写生对象。他的画室远离主建筑，使他能够不受打扰地进行创作。

¶ 查特韦尔的花园

查特韦尔庄园的水源地（一处地下水井）就在庄园某处，但具体位置并不确定。水流先是汇聚到屋后的两个蓄水池，而后再顺着地形流入一个金鱼池——丘吉尔在重建庄园时修复了这个古老的池塘，并在池中投入锦鲤。水池四周则环绕着大叶蚁塔（*Gunnera manicata*）和日本红枫。

对页上图和对页中图：池塘边专门设置了一个座椅和食盒，丘吉尔每天早晨会在这儿喂他的锦鲤

对页下图：查特韦尔庄园的池塘是建筑设计师菲利普·蒂尔登建造的，使用的是过滤的泉水

池塘中的观赏鱼是丘吉尔专门从哈罗兹百货公司订购的（这又是他营建工程超支的一部分），克莱米对此恐怕是坚决反对的。

水流顺鱼池而下，流经沙坑和苇丛，形成一处小瀑布，汇入蒂尔登设计建造的游泳池（泳池水经两个锅炉加热，水温可恒定在24℃左右）。流出泳池后，水流进入到高低错落的几个人工湖。为了让这些湖泊看起来更自然一些，丘吉尔可谓费尽心力。1935年，在克莱米短暂离开庄园的一段时间，丘吉尔雇用了一台挖掘机，开始建造人工岛——在给克莱

温斯顿·丘吉尔
在查特韦尔庄园

对页左上图：藤本月季"艾伯丁"（Albertine）顺着房前的花架蜿蜒而上

对页右上图：在丘吉尔夫人玫瑰园中开放的"粉色芭菲"（Pink Parfait）

对页下图：在玫瑰园中，克莱米尽情展示了她对粉色芬芳月季的喜爱

右图：在马尔伯勒展馆内，丘吉尔的侄子、艺术家约翰·斯宾塞·丘吉尔的绘画作品

米的信中，丘吉尔开心地向夫人描述了挖掘机是如何陷入泥坑，导致施工现场一团糟的乱象。

随着1924年玫瑰园的扩建，克莱米在花园营造事务中的话语权越来越大。她想要一座"得体"的花园。因此，根据表妹维妮夏·蒙塔古的建议，她将邻近房屋的空间用一条十字形道路划分为四部分，在每一部分的拐角处都种上紫藤，她喜欢柔和的色彩和芬芳的花香。今天在园艺圈，人们往往将这片花园称为"丘吉尔夫人的玫瑰园"。

位于马尔伯勒露台角落处的展览馆最初只是一座"夏屋"，这也是克莱米的主意。丘吉尔对花房并不感兴趣，他认为那些地方只会招来数不尽的蜘蛛和各种讨厌的虫子。1927年，蒂尔登设计建造了这个开阔、优雅的夏屋。在此，人们可以俯瞰整个草坪和湖泊，视线甚至可以穿过山毛榉树林，远眺肯特郡的旷野风光。大约20年后，在1949年，丘吉尔的侄子约翰·斯宾塞·丘吉尔就在此绘制了画作《布伦海姆之战》。此后，此处被更名为"马尔伯勒展览馆"。

丘吉尔希望查特韦尔庄园能够自给自足，因为当时他面临财务上的困难。1923年，他在写给克莱米的信中说："我请求你不要为钱的问题

左图：藤本月季"梅格"攀爬在马尔伯勒展览馆的外墙上

对页左上图、对页左中图和对页左下图：金色玫瑰大道两侧的月季，"萨特的黄金"（左上），"琥珀女王"（左中），"Korresia"（左下）

对页右图：金色玫瑰大道是为了纪念丘吉尔和克莱米的金婚而建造的

而忧虑……这里将成为我们的家。我们必须竭尽所能使它魅力非凡，并尽可能地在经济上自给自足。"在"二战"前，以及整个战争时期，果蔬园成为丘吉尔一家重要的生计来源。后来，果蔬园荒废了很长一段时间，一度杂草丛生。直到20世纪60年代，它再次繁盛起来，不断供应切花、水果和蔬菜。

1958年，为了庆祝丘吉尔和克莱米的金婚纪念典礼，孩子们在花园里建造了一条"金色玫瑰大道"。道路尽头是山毛榉木栅栏，一座古老

温斯顿·丘吉尔
在查特韦尔庄园

的日晷放置在道路中央，路两侧种植着 28 个不同品种，总计 146 株的金色系玫瑰——包括"金色黎明"（Golden Dawn）、"萨特的黄金"（Sutter's Gold）和"甜蜜光圈"（Honeyglow）。奥古斯都·约翰、凡妮莎·贝尔和约翰·纳什等艺术家被委托为每一个品种的月季作画，画作被装订成册送给丘吉尔当礼物。今天，我们在庄园里仍然可以看到这本画册。

¶ 新篇章

1939 年，第二次世界大战爆发。丘吉尔在查特韦尔庄园的生活随之改变，房屋被封闭起来。尽管在处境艰难的时候，丘吉尔偶尔也会回庄园小住数日，但都是住在农舍之中。战争终于胜利，丘吉尔却在 1945 年 5 月的大选中失利。他返回查特韦尔庄园，踌躇在杂草丛生的小路上思考着自己的未来。由于庄园的维护费用过于高昂，除了将房产和地产出售，丘吉尔也没有其他办法。1947 年，丘吉尔的一群朋友以匿名的方式买下了庄园，并且在买卖合同的附加条款中明确注明：丘吉尔和克莱米可以在庄园中度过余生。他们逝世后，庄园将转让给国家信托组织，作为对丘吉尔这位伟大政治家的永久性纪念场所。

有很多伟大的建筑和花园在岁月流逝中，逐渐遗失了初创者所赋予它们的精神和气质。虽然查特韦尔庄园早就存在于世，但丘吉尔赋予了它强烈的个人印记，不论世事如何变迁，这种强烈的印记都将永存于世。

故居所作

温斯顿·丘吉尔（1874—1965）在查特韦尔庄园的书房中（1953）

查特韦尔庄园，

1922—1965

1953年，温斯顿·丘吉尔成为历史上唯一一位以在任首相身份获得诺贝尔文学奖的人。诺贝尔文学奖评委会评价称："因其（丘吉尔）在历史和传记描写方面以及在捍卫人类崇高价值的雄辩口才上表现的综合杰出成就，特此奖励。"

《我的早年生活》（*My Early Life*，1930）

《马尔伯勒公爵：他的人生和那个时代》（*Marlborough: His Life and Times*，四卷本，1933—1938）

《世界危机》（*The World Crisis*，六卷本，1923—1931）

《伟大的同时代者》（*Great Contemporaries*，1937）

《第二次世界大战》（*The Second World War*，六卷本，1948—1954）

《英语民族史》（*A History of the English-Speaking Peoples*，四卷本，从罗马时期到1914年，1956—1958）

劳伦斯·斯特恩在项狄庄园
Laurence Sterne at *Shandy Hall*

> ……每当一个人微笑的时候，尤其是当他大笑的时候，他的笑容就会为他的生活增添一些色彩。
>
> 劳伦斯·斯特恩，1760 年

在去北约克郡瑟斯克的路上，如果你车速不快，那么在穿过考克斯沃尔德村时，你可能会瞥到一座古老的房子，房前挂着一个牌子，上面写着：项狄庄园。此时靠边停车，你还会发现房子前门上方的一块牌匾，开始的话是这样的：作家劳伦斯·斯特恩在这栋房子里创作了 18 世纪的

对页图：约克郡北部项狄庄园的谷仓花园面向比兰德修道院和汉布尔顿山

下图左：通过 19 世纪的照片可知，目前房子正面保留了当时的布局：两株冬青和方形小花坛

下图中：这座始建于中世纪的"大厅"是以劳伦斯·斯特恩最著名的文学角色——特里斯特拉姆·项狄的名字命名的

下图右：劳伦斯·斯特恩（1713—1768）是一位 18 世纪的牧师，后来成为那个时代的畅销书作者

由詹姆斯·弗格森绘制的项狄庄园

畅销书《项狄传》。走进这所房子，你就会发现这个男人跟他写的畅销书一样有趣。

斯特恩的人生开局并未得到上天的眷顾。虽然他的曾祖父曾是约克郡的大主教，但他父亲却是个穷困的军人。劳伦斯出生在爱尔兰蒂珀雷里郡的军营里。在富有亲戚的接济下，斯特恩得以进入剑桥大学神学院学习，这也给他日后的牧师生涯打下了基础。他被任命为两个约克郡教区的牧师（萨顿林区和斯蒂灵顿），并迎娶了一名牧师的女儿（伊丽莎白·拉姆利）为妻，过上了中规中矩的牧师生活。

在大家眼里，斯特恩是一位才华横溢、严肃寡言的牧师。可是在其内心深处，有一种别样的东西逐渐萌生——一种不同于常人眼中理所应当秉持的人生观。40多岁时，斯特恩完成了《项狄传》前两卷，并以自助出版的方式，于1759年由约克郡的一位出版商出版。它讲述了有趣但有悖于当时主流价值观的故事，打破了18世纪中叶枯燥、浮夸的写作模式。公众本就对这个故事十分喜爱，当得知它竟然出自约克郡的牧师之手，更是惊奇不已。

斯特恩因《项狄传》一夜成名。1760年,他前往伦敦,约书亚·雷诺兹(18世纪的英国肖像画家,皇家艺术学院的创始人和第一任校长)为其画像;被后世称为"英国绘画之父"的威廉·霍加斯接受委托,为再版的《项狄传》绘制插图。在当时的英国出版史上,这是第一部为故事场景绘制插图的作品。在此之前,小说中出现的唯一图画就是作者肖像。

虽然斯特恩在文坛声名鹊起,但在神学界他仍然只是一名副牧师。1760年,他获得了考克斯沃尔德的牧师职位,并搬进了牧师住宅。牧师住宅位于通往瑟斯克的路上,离他的教堂很近。没多久,当地人就将他的住宅称为"项狄庄园"(Shandy Hall)——在北约克郡方言中,Shandy 有古怪的意思,意为"有点不协调,有点不太正确"。

¶ "项狄庄园"及其花园

斯特恩搬进项狄庄园时46岁。他个子很高,但从小就患有肺结核,所以身体稍显纤弱。他真的非常喜欢散步、骑马和在花园里干活。伊丽莎白可能患有神经衰弱方面的疾病,常年和女儿住在约克郡。因此,斯

其实前门上方的牌匾所述并不准确,斯特恩在到考克斯沃尔德之前就已经写了《项狄传》的前两卷

上左图：斯特恩在他的书房里写了《项狄传》九卷书中的另外七卷

上右图：前庭部分是18世纪60年代由斯特恩新扩建的

特恩实际上是一个人住在项狄庄园，主要工作就是打理花园、处理教区事务和写作。

项狄庄园实际上是一栋中世纪的礼堂，后来有所扩建，但实际上它并不像名字暗示的那么大，至少绝对算不上是大庄园的房子。石墙环绕着花园，鸡、鸭、鹅可以在院子里自由活动，还有一处果蔬园。房子连同附带土地面积共约0.4公顷（1英亩左右）。虽然后来又有0.4公顷左右的土地被划入房产范围，使这处不动产总面积增加到0.8公顷，但是在过去的250年中，它似乎没有发生什么颠覆性的变化。

由于有新增的写作收入，斯特恩在项狄庄园西侧新建了一个由红砖铺就的前庭。访客在刚走近房子的时候就能感受到它的绅士风范，而不用像以前那样需要穿越院子后才能领略到主人的风格。他们可能会路过一株栽种在花园路侧的甜栗树——这株老树在1910年曾被闪电击中，

劳伦斯·斯特恩
在项狄庄园

但至今仍生机勃勃。

在项狄庄园的书房里，斯特恩完成了另外七卷《项狄传》，还写了一本名为《感伤之旅》的游记——这是他另一部突破性作品。

斯特恩算不上 18 世纪那种典型的闲淡绅士。当他不在书房写作或者编写布道词时，人们通常会在花园里发现他的身影。他要么在挖坑种植植物，要么在清扫垃圾。作为园丁而言，斯特恩是非常勤奋的。他在萨顿林区教区时，种了很多苹果树、油桃树、梨树、樱桃和李子树，而且用栅栏将果树围起来。

1767 年，即将走向生命终点的斯特恩与妻子分开了，他爱上了一位 23 岁的有夫之妇——伊丽莎·德雷珀。她的丈夫是东印度公司驻孟买的一位官员。在得知妻子的风流韵事后，这位官员勒令伊丽莎返回印度。分手前，斯特恩与伊丽莎互诉衷情、山盟海誓。伊丽莎离开后，为情所伤的斯特恩孤独地返回项狄庄园。他在书房楼上为伊丽莎保留了一个房间——他幻想着总有一天心爱的人会回到他身边。在他的笔下，伊丽莎会陪着他在田野漫步，拜访比兰德修道院。他甚至清理了道路上的荆棘丛，以免到时候妨碍二人的旅程。事实上，伊丽莎从未到过项狄庄园。

即便如此，项狄庄园还是慢慢地让斯特恩恢复了往日神采。他身心愉悦地投入到写作中。斯特恩信奉的哲学很简单——健康的身体必然有乐趣和欢笑相伴。1768 年，斯特恩去世，留下了一部尚未完成的《感伤之旅》。而他留下的《项狄传》是英国小说史乃至世界文学史上的一部里程碑式的作品。在斯特恩逝世后的 250 年里，这部作品从来没有在出版商的出版清单上消失过。

¶ 新篇章

到了 20 世纪 60 年代中期，项狄庄园已经是一座空无一人、凋零破败的房子，花园也杂草丛生、面目全非。这座始建于中世纪的建筑面临彻底崩坏的危险。1967 年，由斯特恩研究者（同时也是狂热崇拜者）肯尼斯·蒙克曼创立的劳伦斯·斯特恩信托基金，从纽堡修道院手中买下这栋建筑。蒙克曼身兼基金会策展人，与妻子朱莉娅一起共同推动基金会的发展。目前，朱莉娅·蒙克曼也负责项狄庄园的花园设计。基金会向公众发起了拯救项狄庄园的呼吁——亨利·摩尔[4]向基金会赠送了一尊雕塑；J. B. 普利斯特里还专门为此事撰文。

今天的项狄庄园的花园展现出丰富狂野的艺术风格，其中还带着几分古怪，这也暗合了斯特恩的世界观。花园设计的主导理念是尽可能体现生物多样性，依靠自身生物特性吸引授粉昆虫。在林地空间，在地植物和引入的外来植物公平竞争——只有大猪草、荨麻或荆棘长势失控时，园丁才会介入。根据专业人员的研究，花园里出现过 300 多个品种的飞蛾，一些品种是 18 世纪博物学家所熟知的。

这座花园无意于重现斯特恩是如何对其进行改造的，也不想停滞于

劳伦斯·斯特恩
在项狄庄园

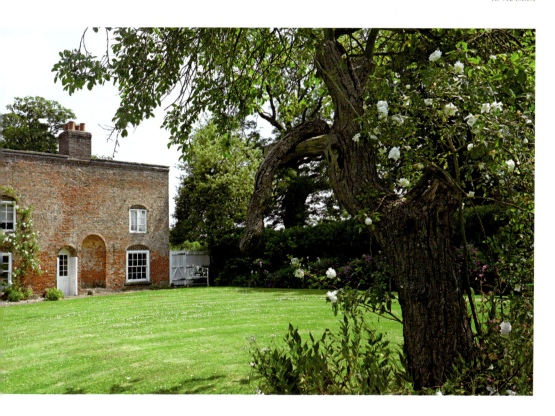

上图：前庭种有一株年代久远的李子树，树下生长着蔷薇"阿贝卡·巴比埃"（Albéric Barbier）

对页图：房侧的拱廊由一间室外小屋改建而成

某个历史时空。但是，斯特恩的书迷们还是能从中找到一些作家当年生活和工作的视觉碎片。青梅树暗指英国文学史中首次提到该树的《项狄传》，而谷仓墙角下的花叶旱金莲则是对斯特恩在《项狄传》中的文学细节的呼应。

弯曲的装饰性铁栏杆则是对斯特恩文无定法写作风格的致敬——当他想要说明书中情节是如何发生奇怪而有趣的转折时，他就会在纸上画一些卷曲的线条，这种手法无论是在文学领域还是在印刷领域都开了先河。

2002年，帕特里克·怀尔德盖斯特接掌基金会。在他的合伙人克里斯·皮尔森认真策划花园维护工作时，他已经着手开发基金会在教育方面的新功能了。在这座始建于1430年的房子里，曾经在镶板后面发现了中世纪乔治王朝时期的壁画遗存。斯特恩的书、画、手稿和其他一些物

上图：老采石场现在长满白蜡树，成了个野生花园

对页图：藤本蔷薇，例如"攀缘雷克托"（Rambling Rector）在野生花园里自由生长

劳伦斯·斯特恩
在项狄庄园

上图：这棵古老的甜栗树在 1910 年被闪电击中过

下左图：房屋西侧的这棵多年生宽叶香豌豆正与毛石菊"阳光"争夺生存空间

下右图：花园里弯曲的铁栏杆是由艺术家克里斯·托普构思并亲手制作的

品也被保留下来。画廊、艺术和创意工作室项目，以及一家旧书店陆续出现，为这座古老建筑注入了新的生机和活力。虽然基金会始终需要筹集足够的资金来长久保护这座拥有巨大历史价值的建筑，但新一代的访客们更在意新时代的勃勃生机。老房子的魅力也需要新故事来传承延续。

故居所作

第一版《项狄传》

项狄庄园，

1760—1768

劳伦斯·斯特恩将写作与布道，以及对约克郡教区教民的关怀结合起来。

《项狄传》（*The Life and Opinions of Tristram Shandy, Gentleman*，九卷本，1759—1767；第一和第二卷撰写于萨顿林区）

《感伤之旅》（*A Sentimental Journey through France and Italy*，两卷本，1768）

创作灵感来源于项狄庄园的作品

《项狄传》不仅仅是一部有趣的小说，它还被公认为历史上第一部运用意识流手法撰写的文学作品——完全打破了按部就班的叙述顺序，展现出异乎寻常的先锋性、实验性。后世的艺术家们从斯特恩的作品中获益良多。漫画家马丁·罗森就曾以《项狄传》为主题创作了小说的图画版（1996）。

斯特恩与《项狄传》的故事还被拍成由史蒂夫·库根主演的电影《公鸡和公牛的故事》（*A Cock and Bull Story*，2006）。这部电影将作家生平、作家的创作成果以及试图塑造斯特恩的演员的故事交织在一起。

乔治·萧伯纳在"萧之角"

George Bernard Shaw at Shaw's Corner

> 如果您不着急,那就不如进来。我带您四处看看。
>
> 萧伯纳为阿约特·圣劳伦斯撰写的颇为押韵的指南

1906年,乔治·萧伯纳和他的妻子夏洛特搬进了他们位于阿约特·圣劳伦斯的红砖房子。他们已经花了一段时间寻找住处,因为想住得离伦敦的剧院稍微远一点点。当然,也不可能彻底远离。据说当时的情况是这样的:萧伯纳在阿约特·圣劳伦斯的教堂墓地发现了一处墓碑铭文,墓主人是一位70岁时去世的老妇人。铭文写道:"她的一生很短暂。"萧伯纳觉得,如果在这儿70年的时间被认为是"短暂的",那么这儿就很适合居住。

对于萧伯纳的到来,当地人最开始是持怀疑态度的。当时,萧伯纳已经是著名剧作家和评论家,同时也是一名社会主义者。最重要的,他

对页图:乔治·萧伯纳位于赫特福德郡的花园里种着黄色的西洋蓍草和腹水草等植物

下图:阿约特·圣劳伦斯的当地人将这座房子称为"萧之角",从那时起人们就一直沿用这个名称。图上这座红砖房始建于1902年,萧伯纳夫妇在1906年买下了它

是一名爱尔兰人。直到 1915 年，阿约特·圣劳伦斯经历了一场历史上罕见的暴风雪。暴雪过后，萧伯纳马上和邻居们一起打扫社区。此后，他终于真正被邻居们接纳，成为社区一员。也是从那时候起，他的邻居们给他家起了个"萧之角"的名字，并一直沿用至今。

在"萧之角"，萧伯纳继续他惊人的文学创作，写出了多部戏剧、政论册子和散文。在主楼，萧伯纳有一间书房，他通常在那里给秘书回信。他真正从事文学创作的地方位于花园尽头的转角写作室。在此后的 44 年里，他在这里创作了 20 世纪文学史上的著名作品，如《皮格马利翁》和《圣女贞德》。

乔治·萧伯纳（1856—1950）和他的邻居艺术家斯蒂芬·温斯滕交谈。斯蒂芬的妻子克莱尔是"圣女贞德"雕像的创作者

萧伯纳一家将这座房子用于乡间度假。周末，他们会返回伦敦参加演出和戏剧创作，平日则返回阿约特·圣劳伦斯。后来，他们待在阿约特·圣劳伦斯的时间越来越长，甚至很少离开。花园和庭院是萧伯纳一家的休憩之所——一个用来放松和锻炼身体的地方。夏洛特和萧伯纳每天都会绕着花园转圈，玩堆石头的游戏——每次经过时，都在石头上垒一块新的石头，以示又走了一公里。

毫无疑问，萧伯纳一家为他们的花园而深感自豪。夏洛特充当了管家的角色，负责支付各种账单——比如，她花费了大笔资金从苏特恩斯成袋地购买郁金香和鸢尾种球，还有大量的飞燕草种子。这些园艺资材都是通过火车运送到惠特安帕斯特德车站的。她还给一些苗圃写信并附

乔治·萧伯纳
在"萧之角"

赠植物样品，询问它们的品种情况。

萧伯纳家雇用的都是新手园丁，但对园艺满怀热情，并且得到首席园丁亨利·希格斯的精心指导。希格斯一直担任首席园丁一职，直到1943年园丁助理弗雷德·德鲁里成为他的继任者。萧伯纳书房的书架上有一本格特鲁德·杰基尔写的《为乡村小屋设计花园》，园丁们从这本书里获得了很多灵感，开始在原本空荡荡的土地上营建花园。紫杉被种植到车道两侧，雪松和山毛榉则填补了大片空地。房子南侧还种植了一株广玉兰。他们种植了很多百合、飞燕草和罂粟花，在保持"乡间小屋"的气质特点的同时，进一步丰富了草本植物品种。他们还设计了一处"玫瑰谷"，并开辟了一大片菜地（萧伯纳是当时著名的素食主义者），以满足日常所需。他们还养了几房蜜蜂，开垦了一个果园。

为了纪念戏剧《圣女贞德》取得的巨大成功，萧伯纳在"玫瑰谷"上方立起了一座"圣女贞德"雕像。他将其称为"奥尔良的少女"，并称其经过专门设计雕刻而成，有意去除了旗帜、佩剑和盔甲。他喜欢看到贞德作为农民女儿的一面，而非一名战士。

1920年，萧伯纳从朋友阿普斯利·切利-加拉德那里买了额外的土地，后者继承了拉默公园附近的地产。这片额外的土地使得萧伯纳家的花园面积拓展到1.4公顷（3☐英亩），还能享受赫特福德郡乡村的绝美景观。

¶ 社交场所

"萧之角"反映了萧伯纳作为一名公众人物与隐居的作家角色之间的冲突。萧伯纳最喜欢待在小屋里锯木生火，尽可能腾出时间招待客人。造访的朋友有作家兼旅行家T. E. 劳伦斯（《阿拉伯的劳伦斯》一书的作者）。他开着那辆Brough Superior摩托车[5]，跟H. G. 威尔斯和费雯·丽一起来到萧伯纳家的大草坪上，为即将于1945年上映的电影《恺撒与

上图：萧伯纳一家希望建造一个种有百合、水苏和月季的乡村花园

对页上图：克莱尔·温斯滕创作的"圣女贞德"雕像矗立在玫瑰谷的上方

对页下图：灌木月季"格特鲁德的化身"（Gertrude Jekyll）非常适合 20 世纪早期的花园风格

乔治·萧伯纳
在"萧之角"

每天,萧伯纳和妻子夏洛特穿过花园时都会经过玫瑰花坛

克里奥佩特拉》排练。

星期天,萧伯纳一家通常会步行穿越田野,沿着拉默公园的莱姆大道散步,并与凯里·加勒德和他的妻子共进午餐。作为斯科特南极探险考察队的一员,凯里·加勒德曾经历了难以想象的艰难旅途。在萧伯纳的帮助下,他撰写了《世界上最糟糕的旅程》。

萧伯纳家里还会举行一些沙龙,讨论社会热点问题和政治议题。人们舒适地坐在帆布躺椅上,在南向的大露台上讨论着文学、艺术和社会话题。1926年,萧伯纳拒领诺贝尔文学奖奖金,引发关注。后来他将其捐献给了新成立的英国-瑞典文学基金会。

¶ 鲜活的名胜

萧伯纳生前就开始考虑他去世后房子和花园的后续安排。由于没有子嗣,他请国家信托组织接管了"萧之角",以确保他独有的藏品——从奥斯卡小金人到他收集的花园工具等——能够被长久地保存下来。他希望这座房子能成为其毕生经历,尤其是文学创作的鲜活展示场所,而不是一座"死去的博物馆"。

萧伯纳在花园里不慎跌倒后去世,享年94岁。当时他正在修剪一棵青梅树。他希望在英格兰乡村地区长久生活的愿望终于实现了。如其所愿,他的骨灰和夏洛特的骨灰混在一起,撒在两人曾无数次携手走过的花园小路上。

在他去世后,出于保养维护方面的考虑,人们翻修了花园。后来花

上图:萧伯纳是著名的素食主义者,在他生活的时代,院子里的菜地面积要远远大于现在留存下来的

下图:果园里新种了很多李子树、苹果树、豆荚树和榅桲

园又历经多次修整，重现了 20 世纪早期的布局。果园里保留了一些老果树，但更多的是新栽种的李子树、梨树、木瓜、苹果树和松树等，它们让果园重焕生机。相对于全盛时期，目前的菜园面积要小得多，但设计布局仍然是当年萧伯纳一家规划的那样。倘若泉下有知，萧伯纳一定会为"萧之角"至今仍人流不断而感到欣慰，他创作的戏剧每年都会在花园里上演。

上图：萧伯纳的写作小屋最初是给结核病人休养用的，最大程度地利用了自然光

下图：萧伯纳习惯在家里处理各类信件，在写作小屋里从事文学创作

故居所作

"萧之角",
1906—1950

萧伯纳出生于德国柏林，20岁左右移居伦敦。在搬到"萧之角"前，他已经创作了许多成功的剧本。他的作品给英国王室和上流社会留下了深刻印象。据说爱德华七世在观看《英国佬的另一个岛》(John Bull's Other Island)时笑得从椅子上摔了下来；1905年，时任英国首相亲自出席《芭芭拉上校》(Major Barbara)的首映式。但是，萧伯纳在乡村生活时期创作的作品，即便不能说超过此前，也是旗鼓相当：他创作的52部戏剧中，有38部是在"萧之角"完成的。

《安德鲁克里斯和狮子》(Androcles and the Lion，1912)

《卖花女》(Pygmalion，1912，1938年被改编为电影，后来又被改编为音乐剧《窈窕淑女》)

《伤心之家》(Heartbreak House，1919)

《千岁人》(Back to Methuselah，1921)

《圣女贞德》(Saint Joan，1923，萧伯纳凭此获得诺贝尔文学奖)

《女百万富翁》(The Millionairess，1936)

他还撰写了政治理论书籍，例如《给女性知识分子的指南：关于社会主义和资本主义》(The Intelligent Woman's Guide to Socialism and Capitalism，1928)。

萧伯纳还是一位多产的摄影师，他用照片编纂了《阿约特·圣劳伦斯图片指南》(Bernard Shaw's Rhyming Picture Guide to Ayot St Lawrence)，阿约特·圣劳伦斯后来成为他的家。在这本书里能看到果园和爬满常春藤房子的黑白照片。本书展示了萧伯纳对树木的热爱——他为因过于靠近房屋而被移走的榆树和白蜡树哀悼，为"半大的雪松"以及山毛榉和桑树庆贺。

Ted Hughes
at *Lumb Bank*

特德·休斯在伦布班克

在这些烟囱再次喷涌之前

它们必须落入唯一的未来,坠入尘土。

《鲁姆十章》

伦布班克是一座建于 18 世纪的磨坊主的房子,坐落在科尔登河陡峭的溪边。湍急的河水在谷底奔腾,与赫布登河汇合,流入赫布登桥上游的考尔德河。诗人和儿童作家特德·休斯于 1930 年出生于赫布登桥畔的米索尔姆洛伊德镇。与现在的情况大不相同的是,20 世纪 30 年代的考尔德河谷是一派欣欣向荣的景象,运河边修筑有铁路和纺织厂,古老的建筑得到修缮,艺术社区方兴未艾。尽管特德的卓越才华使其过上了一种充满声名和旅行的生活,但他与这个地方的联系从未衰减。

在举家迁居南约克郡前,他在考尔德河谷生活了 8 年。正如他后来说的那样:我的一切都是那些年塑造的。他对该地独有的风貌充满好奇,曾和哥哥一同狩猎,也曾独自于荒野漫行。磨坊工人生活艰辛,运河和道路上挤满了熙熙攘攘的船只、车辆。每一寸可供耕种的土地都被细细地开垦,或用于放牧,直到它们被榨干最后一滴养分,从沃土变成瘠地。

特德曾经在皇家空军服役,退伍后进入剑桥攻读英国文学,而后开始写作生涯,最终获封为英国"桂冠诗人"[6]。他有近 20 年不曾回到考尔德河谷。在新婚妻子、美国诗

对页图:从伦布班克的花园可以俯瞰约克郡的考尔德谷地

左图:与特德·休斯(1930—1998)合作《埃米特废墟》的费伊·戈德温在 1971 年为特德拍摄了这张照片

后续跨页图:伦布班克始建于 18 世纪,当时是磨坊主的产业,位于科尔登河上游

人西尔维娅·普拉斯的陪伴下,他回到家乡探望父母。这对诗人夫妻都曾各自以强有力的诗句描述过奔宁山脉[7]。

1963年西尔维娅去世后,特德打算出售他们在德文郡的房子,以便筹资买下伦布班克。然而,交易最终失败了,他和孩子们留在了德文郡。6年后,就是在1969年他母亲举行葬礼的那天,特德为伦布班克发出收购邀约,并于同年9月搬到那里——其实他最终只在那里待了一年左右的时间。

特德定期返回德文郡,从未真正定居于伦布班克。他在文学领域不断有新的斩获,出版的第一部诗集就获得"加尔布雷斯奖"。1970年,他与卡罗尔·奥查德结婚。同年秋天,两人在伦布班克待了一段时间,但到11月就离开了。特德和卡罗尔在德文郡度过余生。

特德·休斯和伦布班克的故事看似平淡无奇,但在德文郡,他遇到了约翰·费尔法克斯和约翰·莫特,他们共同成立了一个新的机构以支持有抱负的作家。特德是这个组织——阿尔文基金会的前身——的热心支持者。

1974年,特德·休斯决定翻修伦布班克,以此作为基金会的北部中心。作家们可以带着作品初稿来此住上一周,与经验丰富的其他作家们交流。1975年,阿尔文基金会正式接管伦布班克。

为了筹集资金,特德想出了举办国际诗歌大赛的主意。1980年,他和谢默斯·希尼、查尔斯·考斯利一起审阅了三万多篇参赛作品,并评选出最终获奖者——安德鲁·姆辛,安德鲁后来接替特德成为"桂冠诗人"。特德·休斯的妻子卡罗尔也是阿尔文基金会的忠实支持者,并于1986年接任基金会主席。

由自然景观组成的花园

伦布班克是自然的产物——它位于谷地北侧,可经由一条十分陡峭

上图:伦布班克目前是创意写作中心

右图:房前的原野是用来放牧的

的道路抵达。它的主要建筑原料是石炭纪遗存石英石——当地人称其为粗磨石。这种石材极其坚硬，在煤烟和风化作用的共同影响下呈现出黑色的外观，主要用于垒筑房屋、修造梯田和围墙等。伦布班克占地面积约8.5公顷（20英亩），由于地形原因，整体向科尔登河一侧倾斜——谷中生长茂盛的林地几乎遮蔽了老磨坊的烟囱。

18世纪初，伦布班克的主人——某位磨坊主——非常富裕，因此在营造时有很多特别的想法。例如，一个意大利风格的大露台从房侧延伸出来，围墙上留有壁龛，绿地上种植了香蜂草和两棵锥形紫杉。在房前，较为狭窄的露台上种了一些多年生植物，紧靠房子黑色石墙边则种有一些攀缘植物和天竺葵，这些植物柔弱的枝条让生硬的石墙显得柔和了一些。一个砖砌拱门将露台与围墙花园连接起来——整体角度向南倾斜，这表明当初它可能是厨房花园，而现在也主要用于种植果蔬。再往下一层，一堵巨大的石墙拔地而起，垒出了第三层平台，石墙成拱形环绕而成，这种设计可能是为了阻挡牛群进入。不管从哪一个角度，人们都能看到被称作"金溪谷"的山谷，以及树木繁茂、烟囱高耸的山坡——这似乎时刻提醒人们它曾经历过工业时代。奔流的科尔登河在行经赫布登桥时，潺潺的流水声中似乎隐约有往昔岁月里桥上嘈杂的售卖声。

今天，伦布班克四周的自然景观可不是仅仅作为作家们在此度过一周的背景出现，它们与伦布班克本就是难以分割的整体。

正如特德在那本与风光摄影师费伊·戈德温合作的《埃米特废墟》一书中所展示的那样——埃米特是一个凯尔特王国，矗立在这片荒原之上。在这本书中，特德以诗歌回溯自己足迹所至之处，从"粗陋的烟囱"到"坚硬的城堡峭壁"，从"古老的石窗"到"赫普顿斯托尔旧教堂"。时至今日，人们仍然可以循着诗句重新寻觅它们。这本书充满了创作者的个人色彩，同时也是向工业时代开发和建造考尔德谷地的先民致敬。

伦布班克的自然景观滋养了特德的精神世界，以至在多年远离后，诗人依然通过诗句重现对伦布班克的回忆。特德的一生难以用寥寥数语

对页上图：天竺葵与暗色石墙形成了鲜明的反差

对页中图：露台通向房子一侧建有可供植物攀爬的围墙

对页下图：意式风格的石墙花园位于房后的山坡上，靠墙种着锥形的紫杉和矩形绿篱

对页上图、对页下图和下页图：狂野的自然风光是特德文学创作的灵感之源，当然，工业时代的元素也必不可少

上图：《六个年轻人》（Six Young Men）这首诗是特德·休斯在看到一张伦布桥的照片后写的。照片上是六个考尔德男孩站在伦布桥上，他们都参加了"一战"，却再也没有回来

简单概括，颠沛的生活和家庭悲剧使得伦布班克并未能成为其宁静的居所。但是，诗人的灵感因其而起——在诗人之后，此地仍将继续为后来者源源不断地提供精神给养。

故居所作

特德·休斯和其日记的照片

伦布班克，

1969—1970

从 1984 年到 1998 年去世，特德·休斯一直是"桂冠诗人"。他出版诗集、编辑文选，同时也创作儿童文学。

部分作品

《雨中的鹰》（*The Hawk in the Rain*，1957）

《牧神诗》（*Lupercal*，1960）

《乌鸦》（*Crow*，1970）

《埃米特废墟》（*Remains of Elmet*，1979，摄影师：费伊·戈德温）

《沼泽镇》（*Moortown Diary*，1979）

《河流》（*River*，1983）

《生日信》（*Birthday Letters*，1998）

儿童文学

《地球猫头鹰和其他月球人》（*The Earth-Owl and Other Moon People*，1960）

《鲸鱼如何诞生以及其他》（*How the Whale Became and Other Stories*，1963）

《铁人》（*The Iron Man*，1968；由安德鲁·戴维森绘制插图）

亨利·詹姆斯和 E. F. 本森在兰慕别墅

Henry James followed by E.F. Benson at *Lamb House*

> 年代久远的院子，红色的屋顶，充分赋予其在世界上占有一席之地的权利。
>
> 亨利·詹姆斯《尴尬时代》

一栋房子和花园被不止一位作家喜爱并居住，也不是什么少见的事情。位于苏塞克斯海滨小镇莱伊的兰慕别墅曾经是在大西洋两岸都赫赫有名的文学家亨利·詹姆斯的家。他是名著《贵妇画像》的作者。1897年夏天，亨利·詹姆斯发现了这个"不可或缺的隐居之所"，而后定居于此，直到1916年去世。1919年，E. F. 本森（广受欢迎的幽默文学系列"马普和露西亚"的作者）迁居兰慕别墅，并一直居住到1940年。

亨利·詹姆斯来到莱伊时已经55岁了。当他偶然间发现一座带有围墙花园的格鲁吉亚风格红砖房时，瞬间为其着迷。他就这么站在大街上，"含情脉脉"地看着兰慕别墅（以房子的首任主人家族名称命名），心里却充满了可能永远无法拥有它的忧虑之情。命运之神青睐于他，当时房子的主人突然去世，詹姆斯先是租下这座房子，而后在1898年将它买了下来。他非常喜欢这座房子，在其下一部小说《尴尬时代》中就以兰慕别墅作为主人公隆登先生的家。

兰慕别墅成为詹姆斯脱离伦敦生活的庇护所。他的一部新剧遭遇了彻底失败，这对其打击甚大。他希望从5月到10月一直待在兰慕别墅。詹姆斯确实对兰慕别墅很满意，但最初吸引他的应该是园景房（现在已经没有了）。

这座房子很像他的建筑师朋友爱德华·沃伦曾经给他看过的一幅水彩画——画的是一座红砖楼，嵌在花园墙上的凸窗临街打开，下面是一

亨利·詹姆斯深深地爱上了苏塞克斯郡莱伊小镇的兰慕别墅

亨利·詹姆斯和 E.F. 本森
在兰慕别墅

在教堂和她的窗口之间是园丁居住的小屋,在没有其他事情打扰的情况下,她能看到他是在12点前回来,还是没能在1点前返回她的花园。

E. F. 本森《马普小姐》

亨利·詹姆斯和 E.F. 本森
在兰慕别墅

左图：兰慕别墅位于一条狭窄的鹅卵石街道尽头，詹姆斯和本森的多部小说都以它为故事背景

下图：圣玛丽教堂在街的另一端

扇绿色的门。这个园景房成为詹姆斯的写作室，每天早上他都在这里工作，向助手口述文章（由于日渐加重的风湿病，他已经很难亲自动笔写作了）。詹姆斯将这个房间称为"文学的缪斯女神"。事实也是如此，从入住兰慕别墅起，詹姆斯陆续完成了他三部代表作《鸽翼》、《使节》和《金碗》。在此期间，詹姆斯的一群好友也先后在苏塞克斯郡的乡村定居，包括 H. G. 威尔斯、约瑟夫·康拉德和鲁德亚德·吉卜林。在他们眼中，詹姆斯当得起"大师"之名。

对于花园与园艺，"大师"还是有充分的自知之明的。1898 年，詹姆斯在购买兰慕别墅后，坦率地承认，自己连大丽花和木兰花都分不清。他向艺术家兼花园设计师阿尔弗雷德·帕森斯求助。帕森斯建议在花园新辟一块面积大概是 0.4 公顷（1 英亩）的草坪，在草坪四周栽种枝叶繁茂的树种，例如李子树、杏树和梨树等。他还建议在花园边上栽种颜色鲜艳的开花植物——郁金香、紫丁香和羽扇豆等。

这种花园布局直到今天都没有大的改变，只是部分植物品种有所更替。后来，根据帕森斯的建议而栽种的桑树、核桃树由于遭遇大风而被刮倒，这让詹姆斯十分伤心。他坚持认为桑树是花园的象征。今天，在花园里还能看到一株栽种于 20 世纪 50 年代的桑树。

詹姆斯精心挑选了一名园丁——乔治·盖蒙。他非常放心地将所有园艺工作都交给盖蒙打理。盖蒙也凭借在果蔬和花卉种植上的出色表现在当地举办的园艺比赛中获奖。对此，詹姆斯感到非常高兴与自豪。花园里最后一株与詹姆斯有直接联系的植物是美国凌霄，它在栽种一个多世纪后的 2011 年自然死亡。

¶ 从现实到虚构

兰慕别墅在英语语言文学中最伟大的喜剧作品之一——"马普和露西亚"系列小说中也得到闪亮出镜的机会。故事发生在 20 世纪 30 年代，当时兰慕别墅的主人是作家 E.F. 本森。该系列小说是关于彼此敌视的露西亚·卢卡斯夫人和伊丽莎白·马普小姐的。她们分别是 Riseholme（以科茨沃尔德的一个村庄为原型）和 Tilling（以莱伊小镇为原型）这两个小地方的女强人。

1900 年，本森和哥哥亚瑟（A. C. 本森）首次到访兰慕别墅。亚瑟是一名学者，他最著名的作品可能是《希望与荣耀之地》（它被普遍视作非官方国歌）。本森认识亨利·詹姆斯，并且非常欣赏他的作品。1919 年，在詹姆斯去世三年后，本森签下了兰慕别墅的租约。从 1922 年开始，本森和哥哥亚瑟一直住在兰慕别墅，直到 1925 年亚瑟去世。

尽管本森在骑士桥[8]有自己的家，但他在莱伊度过的每一个夏天都

今天在兰慕别墅的花园里的高大桑树，它弥补了詹姆斯生前所种那株桑树被风吹倒的损失

右上图：亨利·詹姆斯根据景观设计师阿尔弗雷德·帕森斯的建议设计建造花园

右中图：兰慕别墅边上种植的日本银莲花

右下图：大滨菊在围墙花园里盛开

标志着他写作生涯的新阶段。他想象着笔下那位时髦的马普小姐坐在写作室的窗帘后面,镇上所有人的来来往往都逃不过她的眼睛。在小说中,马普小姐的家——野鸭屋,其实就是兰慕别墅,所有角色的活动场所都是现实存在的,他们经常光顾的商店和旅馆都能在莱伊找到原型。

曾经被亨利·詹姆斯视作"缪斯"的园景房同样也激发了本森的文学创作灵感。他这样介绍怪异的伊丽莎白·马普:"我徘徊在园景房的窗户前,马普小姐经常在那里用不祥的目光向外张望。窗户左侧是她家的正门,前方则是陡高的鹅卵石路……右边是丑陋凌乱的烟囱以及教堂。"

在兰慕别墅,本森完成了六部"马普和露西亚"系列小说。园景房可以俯瞰花园和街道,是对外观察的最佳地点,但是本森在花园外还有一个"秘密区域"。他在那里摆了一张小桌子,经常带着记事本在他所谓的"户外客厅"写作。本森给自己找了这么个私密空间,是为了躲开园丁盖伯瑞尔。他曾经说在盖伯瑞尔面前自己似乎成了房子的客人,因为盖伯瑞尔对花园的热情超乎寻常。而这个秘密空间不属于花园,盖伯瑞尔一般不会到这儿来。遗憾的是,园景房毁于1940年的一枚炸弹。

上左图:亨利·詹姆斯(1843—1916)喜欢在兰慕别墅里的惬意生活

上中图:詹姆斯和本森都将园景房用作写作室

上右图:弗雷德·本森(1867—1940)后来成为莱伊镇镇长

对页上图:海滨小镇莱伊是本森的"马普和露西亚"系列小说中"Tilling"村的原型

对页下图:亨利·詹姆斯和后来的E.F.本森都喜欢在莱伊港附近的卵石坪上散步,欣赏这儿的自然风光

165

亨利·詹姆斯和 E.F. 本森
在兰慕别墅

¶ 挥之不去的过去

与詹姆斯一样,本森终身未婚,始终独居。他喜欢长距离徒步——正如詹姆斯当年那样——直到莱伊港的卵石坪。作为生活在莱伊的敏锐观察者,在1934年至1937年间,本森三次被任命为镇长,当之无愧地成为社区中坚,甚至在1935年迎来了玛丽王后到访兰慕别墅(在这之前,本森还带王后去古董店走马观花了一圈)。

亨利·詹姆斯和弗雷德·本森还有两个共同点——他们都喜欢养狗,都对创作恐怖故事情有独钟。他们的狗死后都被埋葬在附近的宠物墓地。墓地位于围墙环绕的花园的阴暗角落,这也是兰慕别墅里唯一一个这样的角落——提醒我们这座明亮、坚固的房子的主人也曾创作过令人生畏的故事:詹姆斯的《螺丝在拧紧》和本森的《汽车售票员》。

¶ 艺术传统

兰慕别墅由亨利·詹姆斯侄子的遗孀捐赠给国家信托组织,从那之后有许多文学家、艺术家先后租用这栋房子,例如传记作家H.蒙哥马利·海德、《黑水仙》的作者鲁默·戈登和"巴茨福德游记"的插图师布莱恩·巴茨福德爵士等。2009年,女演员弗朗西丝卡·罗文与朋友共同创办了"羔羊剧团",以后每年都会在兰慕别墅花园举行戏剧演出,使得此地文学传统得以延续。

目前,兰慕别墅虽然面向公众开放,但日常照料仍然由承租的家庭负责。渐渐地,更多的蔬果被引种进花园里以展现花园的历史。围墙上盛开着芬芳的月季和茉莉,盛夏时分,花坛里的大滨菊、茴香、橘黄色的睡莲、日本银莲花和绣球争相开放。虽然兰慕别墅已经成为一座标准的当代花园,但依然继承并延续着当年作家们居住于此的精神与风骨。

故居所作

1843 年，亨利·詹姆斯出生于美国纽约。1915 年，他成为英国公民，并居住在兰慕别墅。除了长篇小说，他还创作有几十篇中短篇小说。

亨利·詹姆斯，1898—1916

《螺丝在拧紧》（The Turn of the Screw，1898）
《尴尬时代》（The Awkward Age，1899）
《鸽翼》（The Wings of the Dove，1902）
《使节》（The Ambassadors，1903）
《金碗》（The Golden Bowl，1904）
《疾呼》（The Outcry，1911）
《象牙塔》（The Ivory Tower，詹姆斯去世后的 1917 年出版）

E. F. 本森，1919—1940

20 世纪 30 年代，本森担任莱伊镇的镇长，后被葬于兰慕别墅附近的圣玛丽教堂墓地。他写作了"马普和露西亚"系列小说以及幽灵故事。

《露西亚女王》（Queen Lucia，1920）
《马普小姐》（Miss Mapp，1922）
《露西亚在伦敦》（Lucia in London，1927）
《马普和露西亚》（Mapp and Lucia，1931）
《露西亚的进步》[Lucia's Progress，在英国出版时间为 1935 年，在美国于 1939 年以《尊敬的露西亚》（The Worshipful Lucia）为书名出版]
《露西亚的麻烦》（Trouble for Lucia，1939）

幽灵故事

《可见与不可见的世界》（Visible & Invisible，1923）
《惊悚故事集》（Spook Stories，1928）
《汽车售票员》[The Bus Conductor，1906；这是一篇短篇小说，1945 年被改编为电影《死亡之夜》（Dead of Night）]

约翰·克莱尔在海尔伯斯通

John Clare at *Helpston*

> 野玫瑰嗅着夏日空气,
> 忍冬草在树荫下编织藤条,
> 为了博情郎一笑,
> 少女在花丛中迷走。
>
> 《埃蒙塞尔的荒野》

夏末,在埃蒙塞尔的原野上,年轻的约翰·克莱尔的心思可能并没用在他所照看的牲畜身上。他舒适地躺在一片刚被羊啃食过的草地上,耳畔有蚂蚱的蹦跳声,视线却追随着翻飞的蝴蝶,又或者盯着蜜蜂在湿润的洼地里飞来飞去,采摘野薄荷花蜜。当他仰望天空时,变幻的云彩令他眼花缭乱,一时间美妙的文字充盈着他的头脑。

1793年,"田野诗人"克莱尔出生在父母租住的海尔伯斯通农舍里。在克莱尔的成长过程中,植物和诗歌始终陪伴着他。有空的时候,他会漫步于北安普敦郡的田野、树林。但是诗人少年时候的绝大部分时间还

左图:约翰·克莱尔出生在北安普敦郡的海尔伯斯通

对页图:约翰·克莱尔居住的茅草屋也是好几家人的庇护所

是用于劳作,开挖沟渠、扎篱笆以及其他一些园艺活儿是他成长为一名男子汉的过程中承担的主要工作。

¶ 园丁克莱尔

14岁时,父亲将克莱尔带到家附近的伯利庄园,拜访一位园艺大师，当时他正准备招收学徒。园艺大师非常喜欢这个徒弟，并带着他一起在厨房花园里工作——周薪8先令。靠着这笔钱，克莱尔买了第一本诗集——詹姆斯·汤姆森的《四季》，以及那个时代最著名的园艺手册《阿伯克龙比实用园艺手册》。

身为厨房花园的学徒，克莱尔的主要工作是将采摘下来的果蔬送到主屋。这点儿活难不倒他，而且在工作中他情不自禁地观察菜地里都生长着哪些野花，而不是简单地一拔了之。结束了学徒生活后，他转到苗圃工作，为庄园培育新的植物，周薪12先令——这可比农场工人挣得要多多了。1809年的《圈地法》对海尔伯斯通影响很大，此前的公共土地被划分。虽然对他的家庭来说生活一直不易，但现在确实更艰难了，以至于他们只负担得起两间屋子的租金，而不是之前的四间。

1817年，克莱尔离开伯利庄园，到斯坦福德找了一份薪水更高的工作。在这儿，他遇到了未来的妻子帕蒂，并于1820年将帕蒂带回海尔伯斯通共同生活。

曾经有一段时间，在这两间租住的屋子里住着约翰夫妇、他们的父母、约翰的妹妹，以及不断增多的孩子们。随着房间数量的减少，可供他们工作的花园面积不断萎缩，谋生愈发艰难。幸运的是，作为最年长的房客，克莱尔的父亲有权选择在仅存花园的哪一块区域工作。他精明地选择了那片金色和赤褐色的果树区，这样他们每年至少还有一次卖苹果的机会。

¶ 坎坷的诗途

克莱尔一有机会就写诗，但是起初他总是将诗作藏起来不让家人看到，有时他会将诗稿藏到壁炉上方的一个角落，没承想这是他母亲经常寻找壁炉引火物的地方。1820年，年届27岁的克莱尔已经出版了《诗歌：田园生活和风景》，并开始得到更广泛的认可。虽然克莱尔痛恨圈地运动，

约翰·克莱尔
在海尔伯斯通

克莱尔一家依赖海尔伯斯通的花园，它提供了基本的蔬菜供应，还能提供苹果以出售

并努力为农民权利代言，但他依然得到了两名大领主的资助：居住在伯利庄园的年轻的埃克塞特侯爵，以及居住在埃塞克斯弥尔顿山的菲茨威廉姆斯，他的产业遍布整个北安普敦——在那儿，克莱尔与首席园丁约瑟夫·亨德森一起度过了很多时光。

亨德森成为克莱尔的重要伙伴——衔接园艺与文学的桥梁。他们一起到野外观察植物和各种鸟类，辨识蕨类与兰科植物，识别不同类型的蝴蝶，并在花园里进行试验性播种。

克莱尔的名气越来越大，又出版了两部诗集：《乡村游方艺人》和《牧羊人的日历》。尽管名气不小，但他销售诗集所获得的报酬远远不足以养活年迈的父母和越来越多的孩子。虽然克莱尔是最受伦敦文化界喜爱的诗人之一，但他仍不得不干着诸如修剪绿篱、收割庄稼之类的体力活。诗人的身体不好，且好饮酒，以致后来他患上抑郁症和越来越严重的精神疾病。

一棵造型优美的李子树矗立在小路尽头,小路静卧于蜀葵和村舍花园的鲜花间

　　幸亏有着对鲜花和自然的热爱,诗人在艰苦的条件下依然充满创作激情。一旦暂时脱离了繁重的体力劳动,他就会在自己的花园里照料植物,尤其是在他的父亲因年事已高,无力承担园艺工作后。

　　来自伦敦的朋友们经常给他邮寄礼物,其中最常见的就是樱草、茴香和天竺葵等植物的种子。克莱尔也经常将森林里的一些植物移植到小花园里。他还着手对海尔伯斯通的自然历史展开研究,但从未公开发表过研究成果。

约翰·克莱尔
在海尔伯斯通

¶ 离家

今天，海尔伯斯通的花园基本保留了18世纪末19世纪初的风格——屋后一块长方形土地，屋子两侧各延伸出一小块。花园里主要种植有土豆、洋葱和香草，也有一些花卉。但这个花园的面积过小，不足以保障一家人饮食所需——尽管克莱尔十分希望过上自给自足的生活。弥尔顿山的菲茨威廉姆斯伸出了援手，向克莱尔提供了一处位于诺斯伯勒的小屋。那儿距离海尔伯斯通不远，有一个约0.4公顷（1英亩）的果园（花园）、一头奶牛和一片用来供应干草的草地。

1832年4月30日，约翰、帕蒂和他们的六个孩子步行五公里前往诺斯伯勒，离开了克莱尔寄托了无限情感的海尔伯斯通。新居所宽敞明亮，但对克莱尔而言却似乎被丢到了世界的另一头。他以诗文倾诉那种错位感——"正在远离我出生的农舍"。他的笔下讲述了对海尔伯斯通的果蔬、绿篱和森林的思念，迫切希望能够回到花园里的那张老长凳上。

他怀念海尔伯斯通的农舍、杜鹃和一切熟悉的东西——事实上，正是那儿的一切让他成为一名诗人。诺斯伯勒位于"大沼泽"——一处占地面积巨大的沼泽地的边上，这儿的自然景观和植物风貌与克莱尔此前所熟知的截然不同。

他的朋友亨德森向他提供了一些如何布置花园才能更好满足家庭生活所需的建议。可是自从离开了熟悉的环境，克莱尔的抑郁症和其他精神疾病加重，除了种植蔬菜、售卖苹果之外，他很难集中精力干其他事情。但也有片刻的幸福，他写他坐在长凳上，教孩子们如何修剪紫杉树；尽管很少写作，他开始整理自己最喜欢的诗作，包括《夜莺之巢》和《埃蒙塞尔的荒野》。最终，它们以《田园缪斯》之名出版，并被公认为克莱尔最好的作品。

野草永无对镰刀的恐惧,策动着夏日的热浪;
野花唤醒了布莱斯,农夫永远不会犯错。

《埃蒙塞尔的荒野》

约翰·克莱尔
在海尔伯斯通

¶ 回家之路

左图：埃尔斯沃斯郊野，北安普敦郡，约翰·克莱尔称之为埃蒙塞尔荒野的一部分

克莱尔在诺斯伯勒只住了几年。1837年，他的出版商帮他在埃平的一家精神病院里联系了一个床位，那儿是当时条件最好的精神病治疗机构。克莱尔在那儿能得到充分的休息和营养补给，并自由自在地漫步于森林。也正是在那儿，他发现了自己与乡村之间难以割断的联系。起初，他觉得自己只需要在那里住上几个礼拜，但是很快几个月、几年过去了。克莱尔的精神状况有明显改善，但仍未完全康复，而且对家的思念之情与日俱增。当时有一名观察员认为，克莱尔的精神问题与长期营养不良和对不稳定收入的焦虑有很大关系。

1841年夏季的一天，克莱尔开始了人生中最令人心酸的一段旅程。他步行145公里返回北安普敦郡。他只随身携带了一本在精神病院里写诗用的小笔记本。

最终到家时，克莱尔整个人伤痕累累、疲惫不堪。半年后，他被送到北安普敦郡的精神病院，并在那里度过余生。

在精神病院里，克莱尔被允许自由走动，但他在写给家人的信中充满了对往日生活的留恋。他向孩子们询问花园的花长得怎么样了，并且告诉他们自己多么希望回到家中，与家人一起去森林里寻找野花。

克莱尔笔下的自然风光和农民生活都是自己生活的内容。圈地运动后，原本开放的原野被人为地分割开——树篱和围墙切断了道路，农民自由获取木材和放牧牲畜的权利被剥夺了。当人们去精神病院探望年迈的克莱尔时，他一如年轻时那样在厨房花园里劳作。然而，精神病院的窗栏却一再提醒着克莱尔，他已经不能——永远不能自由地漫步于原野了。

跟随约翰·克莱尔的足迹

克莱尔出生并长期生活的村舍已经得到修复,现在由约翰·克莱尔信托基金运营维护。目前的花园是重新设计的,2013年由切尔西花展金奖得主亚当·弗罗斯特以"田园缪斯"之名设计建造。基金会定期举办展览、研讨和一年一度的"约翰·克莱尔节"。虽然海尔伯斯通有很多新变化,但是依然有很多克莱尔熟悉且在诗作中记录下来的自然景观得以留存。兰利灌木林、罗伊斯森林(今天的莱斯森林)等都还在,巴纳克教区印刷了很多"约翰·克莱尔最喜欢的地点"的宣传单。在克莱尔生活的年代,海尔伯斯通在地图上的标记为"Helpstone"。目前,该地区保存下来的石灰岩遗迹受到"自然英格兰"[9]的保护。在伯利庄园,克莱尔曾经工作的花园已经面向公众开放。

海尔伯斯通附近的埃尔斯沃斯郊野

故居所作

复原村舍外的约翰·克莱尔雕像（1793—1864）

海尔伯斯通的村舍，1793—1832

约翰·克莱尔在海尔伯斯通生活了将近40年，但他人生的最后阶段却是在精神病院度过的。

《诗歌：田园生活和风景》（*Poems, Descriptive of Rural Life and Scenery*，1820）

《乡村游方艺人》（*The Village Minstrel, and Other Poems*，1821）

《牧羊人的日历》（*The Shepherd's Calendar, with Village Stories, and Other Poems*，1817）

《田园缪斯》（*The Rural Muse*，出版于1835年，当时诗人已经搬到诺斯伯勒）

Thomas Hardy at Hardy's Cottage and Max Gate

托马斯·哈代
在哈代小屋和马克斯门

> 它面朝西,后面和四周都是高高的山毛榉,树梢弯曲,一团树枝掠过屋顶。
>
> 《寓所》

位于上伯克汉普敦的小屋是哈代家族三代人的家。小屋是砖石结构,屋顶铺着麦秸,由托马斯的曾祖父于 1800 年建造。他们家族世代从事建筑生意,石匠、砖瓦匠和其他工人每周都会到房子里来结算工钱。

托马斯·哈代的父亲爱好音乐,因此这个小男孩是在教堂唱诗班和乐队的熏陶中长大的——他会拉小提琴和演奏其他一些乐器,还会演唱民间传统歌曲。这与维多利亚时代晚期流行的风琴和唱诗班传统不太一样。他的母亲喜欢阅读,对长子寄望颇高,对幼子亨利,则希望他加入家族企业。

哈代家的小屋位置独立,四周环绕的原野和森林给幼年的作家留下深刻印象。16 岁时,哈代在其

上图:1840 年,托马斯·哈代出生于多塞特郡的上伯克汉普敦。他的卧室就在客厅靠窗户的上方

对页图:小屋是托马斯·哈代的曾祖父建造的,是他们家族三代人的家

下页图:房前的那口老井现在被几盆天竺葵和金盏花围绕着

托马斯·哈代
在哈代小屋和马克斯门

创作的诗歌《寓所》中描述了上述场景。小屋的客厅在哈代的许多作品中都出现过,尤其是在《绿林荫下》一书中:"它有长长的横梁、石头铺砌的地板,壁炉两边都有高脚凳。"

在哈代还很小的时候,他就能听到乐手们在客厅里演奏,边唱歌边畅饮苹果酒。乐手们在到处都是蕨类植物的小路上嬉闹着,东倒西歪地回到他们位于上、下伯克汉普敦的家中。在客厅之上的哈代卧室里,可以将窗外 0.4 公顷(1 英亩)的果园和荒野尽收眼底——那是一块公用的畜养牲畜的地方,傍晚还能看到归巢的鸟群和一闪而过的狐狸。就在小小的床头柜上,哈代开始写诗。

哈代在卧室里看到的那片原野原本是一处工地,用来储存木料、石材和其他建筑材料。它旁边有一个花园,种有玫瑰、丁香和野生金银花。哈代一家在此养鸡,种植土豆、卷心菜和其他块茎类植物,好像还养了几头猪。除此之外,还有一个酿造苹果酒的酒窖,这是多塞特郡乡村家庭生活中必不可少的。年轻的哈代会将果园里出产的"伯克汉普敦甜苹果"送给他的朋友——一位多切斯特书商的儿子,以此换来在书店看书的自由。

¶ 家族纽带

哈代的小屋以及位于上伯克汉普敦的花园所代表的是一种已经消失于历史长河的生活方式——哈代在他的作品中多次以此为主题进行创作。1862 年,22 岁的哈代离开多塞特郡前往伦敦的一家建筑公司工作。在接下来的五年中,他一直居住在伦敦,从事教堂修复工作。不过,他与家人始终保持联系并经常回乡。1867 年,他在多切斯特获得了一份建筑师的工作,同时开始创作第一部长篇小说《穷人与女人》。这部小说并没有出版。

但在 19 世纪 70 年代,哈代在小屋客厅上方的卧室里开始创作《绿林荫下》。小说讲述的是一个关于即将被新式教堂风琴所取代的传统音

上图：花园里到处都是小花小草，包括红色的香鸢尾和白色大滨菊

中图：哈代小的时候，上伯克汉普敦的花园就被用于放置石料和木材，为家族建筑事业服务。晚年，哈代亲自设计了花园道路和苗圃布局

下图：目前，果园里仍然种植有苹果。每年酿造苹果酒是多塞特郡悠久的传统

对于森林居民而言,每种树木都有自己的声音……冬青在与自己茂密枝叶斗争时发出的哨声,山毛榉的平枝上下起伏发出的沙沙声。

《绿林荫下》

上图和下图:哈代出生地周围林地茂密,遍布着冬青、白蜡树、橡树和山毛榉等树木。在其小说《绿林荫下》中,哈代用文字充分表述了对树木的片片深情

乐家乐队的故事。它同时也是一个爱情故事——这个主题更符合当下作家的心境。1870 年春，哈代在康沃尔遇到了未来的妻子艾玛·吉福德。她全力支持哈代成为作家而放弃建筑师工作的决定。

¶ 前行

1873 年秋，在写作《远离尘嚣》的过程中，哈代最后一次参加伯克汉普敦的苹果大丰收活动。当时他已经 33 岁，但由于双方家庭都反对他和艾玛的婚姻，他只能继续住在家里。

1874 年，哈代与艾玛在伦敦悄然结婚。接下来的十年中，他们辗转于伦敦和英格兰西部乡村的不同居所。在斯特明斯特牛顿居住时，凭借对多塞特郡郊野自然历史的了解，他创作了《还乡》。在书中，哈代描述了约布莱特太太花园里 8 月炎热的一天。这听起来跟他童年的花园很相似，也有菜地和各种香草。

随着创作历程的推进，哈代作品的主题越来越黑暗，设置的主题挑战性也很大，但故事背景总是和他生活过的地方息息相关。他虚构了一个 9~10 世纪存在于盎格鲁 - 撒克逊王国的名为威塞克斯的地方。

¶ 马克斯门

哈代的文学创作名气越来越大。他觉得自己本质上是一个诗人，但也深知从事小说创作才可能获得更为丰厚的报酬。1883 年，他住在多切斯特的时候构思并创作了《卡斯特桥市长》。他想为自己和艾玛设计建造一栋新房子。于是，他在城外约 1.6 英里处的山脊上选了一块地，那儿有纯净的水源。

哈代设计了两栋中等规模的红砖房，占地 0.6 公顷（1.5 英亩左右）。在盖房子之前，哈代就完成了花园的设计方案，一共规划了三处花园空

在搬到多切斯特的马克斯门后，哈代做的第一件事就是在花园周围铺设一条林间步道

对页上图：哈代接受过建筑师职业训练，因此独自设计建造了马克斯门

对页中图：房子刚盖好的时候，哈代的妻子觉得砖房过于暴露了。因此，哈代在车道上栽种了一些乔木和灌木进行遮挡

对页下图：哈代雇用了一名园丁，并坚持以有机的方式种植果蔬

下图：哈代与他的第二任妻子弗洛伦斯在马克斯门

间：较低的草坪、中层的草坪（艾玛经常在此举办花园聚会）和一个菜园。到20世纪20年代，哈代创作的戏剧作品经常在低处的草坪上进行演出，直至今日仍然如此。

1883年，哈代以450英镑的价格买下了马克斯门，这是一片很开阔的地方。哈代买下此处后，在周边陆续种植了2000多棵奥地利松树。在马克斯门，他设计了一条林间步道，两侧种有本地紫杉、金链花、接骨木、月桂树和梧桐树等维多利亚晚期园丁们热衷的树种。

哈代真正在意的是树木。在《绿林荫下》一书中，他相信每种树都有可识别的声音——属于它们自己的声音。《林地居民》一书创作于哈代刚刚搬到马克斯门后不久，他十分清楚如何植树造林，详细描述了吉尔斯·温特伯恩如何轻柔地将树根平展开来，以使每棵树都能健康成长。他亲自动手在花园里种树，并且非常反感修剪树木。

哈代在那个时候就萌生了有机种植理念，利用生活废水浇灌蔬菜。他甚至设计了一套雨水收集系统，将雨水储存在屋子下面的水罐里。他喜欢鲜嫩的蔬菜，坚持连带着根茎一起采摘树莓和草莓，这样客人们可以直接拿着茎吃果实。哈代还很喜欢吃苹果——最喜欢的品种是"查尔斯·罗斯"和"莱恩的阿尔伯特王子"。

哈代为马克斯门雇用了园丁。最后一位在那儿工作的园丁是伯蒂·斯蒂芬斯，他的工作记录被保存下来。这本工作记录提供了一个了解哈代对于花园营造颇为矛盾的想法，一方面他希望在果蔬上自给自足，另一方面又热爱野生动物，不愿意为保护花园果实而做任何伤害它们的事情。斯蒂芬斯曾经讲了这样一个故事：有一只野兔在花园里待了两季，到最后他实在忍受不了野兔对果蔬造成的损害，逼着哈代同意布设陷阱捕捉野兔——只是在最后关头，哈代还是帮助野兔逃跑了。

园丁一周工作五天半。他的职责包括伐木、磨刀、清洁靴子以及日

对页图：在哈代小屋，花园里的一片区域被种上了很多农作物，包括土豆、胡萝卜和红花菜豆等

上图左：通往前门的小路旁种满了香鸢尾，这是在英格兰西海岸颇为常见的植物

上图中：屋侧用来存放种植材料的小屋是在19世纪修建的

上图右：堆放着的瓷砖、管子和从小屋周围回收的建材已是昆虫们的"旅馆"。这里曾经是哈代家族建筑产业的中心

常园艺等。周六，他的最后一项任务是将车道打扫得干干净净，以便周日到访的客人使用。

哈代的一些感人至深的诗句创作于1912年艾玛去世后。在这些诗里，他还想象着妻子在花园里走来走去。在《一切都来了》中，哈代记述了刚搬进来的时候，艾玛觉得房子过于暴露，因此他通过种植树木的方式让妻子安心。

马克斯门普通的一天，哈代会在上午时间过半时，停止在楼上书房的写作（书房里可以俯瞰花园），下楼向园丁吩咐当日工作，要么栽培植物，要么采收果蔬。之后，他喜欢沿着林间步道散步，看看春天的蕨类植物、报春花和风铃草。它们在车道旁和灌木丛间隙中旺盛生长。哈代并不太喜欢灌木和普通的玫瑰，但对野生植物一直情有独钟。下午，他习惯与第二任妻子弗洛伦斯在温室喝茶，在那里他还可以观赏鸟儿。马克斯门的温室里总是种满了天竺葵、仙客来、桂花、紫竹和菊花等植物。

¶ 回到童年

1912年，哈代一家搬离了位于上伯克汉普敦的旧农舍，农舍转由租户管理。其中一位租户赫尔曼·李与哈代共同设计了农舍花园。他们共同设计布置花圃，正如我们今天看到的这样，利用散落在各处的碎瓦片将花圃堆砌起来。

哈代小屋和马克斯门目前均由国家信托组织统一管理。两个花园均为有机种植、人工除草。在哈代小屋，菜地已经恢复原状，种上了胡萝卜、土豆、菜豆等农作物。这些是19世纪末20世纪初常见的家庭种植物。花园里选种的花卉品种也充分考虑了哈代生活的时代因素，即金盏花、亚麻、水芹、艾菊、刺芹、假荆芥和紫菀——还有类似马玉兰、百里香这样的香草作物。

果园里也重新种上了传统品种的青梅、豆蔻、李子树和枸杞等植物。国家信托组织还计划引入一些哈代在《绿林荫下》一书中提到的本土品种苹果树。

哈代喜欢金银花，当地原生的忍冬依然攀附在房子的前门，树下是一片香鸢尾。这些植物早已适应多塞特郡和英格兰其他西部乡村的自然气候。

在他的第一首诗歌《寓所》中，哈代就回顾了出生地和他本人的历史之根，他祖母关于小屋的记忆是诗作的最后一节内容。在她的幼年时代，这个地方更加荒凉，房子孤零零地矗立着，没有树木的庇护，一如哈代年轻时候的样子。

在某种程度上，哈代对两个花园的态度可以被视作作家持之以恒地试图恢复孩提时代的情景——坐在卧室窗前就能看到外面辽阔的风景和各种自由的野生动物。他从未忘记那些美好的时光，当先祖的声音一次次充盈耳畔时，他用手中的笔记录下漫溢的才思。

故居所作

约翰·埃弗雷特于 20 世纪 20 年代绘制的马克斯门

在最初的文学创作中,托马斯·哈代集中精力创作诗歌;进入暮年后,他再次回归诗歌的世界。哈代最著名的还是小说作品,其中很多小说故事的发生地都是虚构的威塞克斯。

哈代小屋,1840—1874

《绿林荫下》(*Under the Greenwood Tree*,1872)
《一双湛蓝的秋波》(*A Pair of Blue Eyes*,1873)
《远离尘嚣》(*Far from the Madding Crowd*,1874)

马克斯门,1885—1928

《卡斯特桥市长》(*The Mayor of Casterbridge*,1886)
《林地居民》(*The Woodlanders*,1887)
《无名的裘德》(*Jude the Obscure*,1895)
《列王》(*The Dynasts*,三卷本,1904—1908)

罗伯特·彭斯在埃里斯兰

Robert Burns at *Ellisland*

> 从圣灵降临节那天起,
> 我就已经是位农夫了,
> 现在开始建一座房子,
> ——不是宫殿,
> 不过是一间朴素的、
> 简单的、满足居住的、谦逊的住所而已。
>
> 罗伯特·彭斯,1788 年

暮夏时分,邓弗里斯北面几公里的埃里斯兰农场屋顶上,总有燕子在石板屋顶上排成排。它们停留的时间总是太短暂了,现在燕子们正整装待发去往冬季的栖息地。罗伯特·彭斯在 29 岁时来到这个偏远的农场,彼时他正对新生活充满乐观的浪漫主义思想——尽管只是很短暂的几年。

这个佃农的儿子的家乡在阿洛韦附近,靠近埃尔郡。他和兄弟们一起在莫奇林的莫斯基尔经营着一个家庭农场。尽管彭斯在 1786 年出版了《苏格兰方言诗集》,并取得了很大的成功,在苏格兰首府爱丁堡也受到热烈的追捧,但他还是决定在一个更加僻静、偏远的地方定居,埃里斯兰将成为他的第一个家。彭斯希望继续写作,以支持一家子的生活,尽管此前还未曾实现过。

那时候他已经爱上了一个埃尔郡的女孩——简·阿默尔,她已经为他生了一对双胞胎。可是女方的父母反对这桩婚事,所以彭斯希望和简在其他地方开始新生活。埃里斯兰农场是彭斯 1787 年在一次苏格兰南部旅行时发现的。农场属于他在多尔温斯顿的朋友帕特里克·米勒,虽然彭斯获得了三个农场的租约,但最后还是决定在埃里斯兰农场定居下来,

29 岁的罗伯特·彭斯与他诗中的"姑娘"、他的妻子简,在临近邓弗里斯的埃里斯兰农场定居下来

这里有69公顷（170英亩）的土地，挨着尼斯河。

¶ 农场的工作

很显然，是埃里斯兰农场的环境吸引彭斯到此。但他对这边的土地并没有任何幻想，因为这里的土质不好，碎石很多，而且排水不良。彭斯利用这点，找东家谈租金，最后把租金降到了每年50英镑。

罗伯特·彭斯和简·阿默尔最终于1788年5月结婚，不久之后，他为"我的简"创作了《风来自四面八方》。很快，简又怀孕了，由于这块土地上没有房屋，彭斯得尽快为他的新婚妻子和家庭建一座房子。整个建筑工程花了10个月时间，简先留在莫奇林。彭斯经常骑着马往返于农场和家庭，这之间有74公里（46英里）之遥。

他对自己的农场充满着美好的规划。这里有一座果园和一座菜园，开阔的田地被犁出了长长的低洼沟纹和抬高的垄，二者之间还有径流。1788年10月14日，他写信给简，说苹果已经卖完了，他对简能来埃里斯兰农场一起生活感到非常高兴！

1789年，简搬了过来，带来了他们唯一幸存的孩子罗伯特，或称作博比。按照传统，罗伯特·彭斯先派一位仆人，带着家庭《圣经》和一碗盐来祝福好运，然后简拉着他的手跟在后面，给新房子"洗礼"。8月，简又生了一个儿子：弗朗西斯·华莱士。

彭斯是一位知识渊博的农夫，在雇工的帮助下播种、耕作。简则负责饲养12头奶牛、做黄油和奶酪。彭斯有5匹马，用来犁地，其中一匹用来骑。为了养活这个家庭，他们还养了鸡、猪，还种了甘蓝和土豆。

对页上图：彭斯来自一个农民家庭，当他有机会经营自己的农场时，他选择了埃里斯兰农场

对页下左图：彭斯白天劳作，晚上写诗，他会写下白天一直萦绕在脑海中的诗句和歌谣。这是他在埃里斯兰的农舍。他重新编写了一首古老的苏格兰民歌，著名的如《友谊地久天长》（Auld Lang Syne，低地苏格兰语，直译为《往昔的时光》）

对页下中图：果园为农庄提供了很大一部分收入

对页下右图：埃里斯兰农场的土质不好，但彭斯是位有经验的农夫，他养牛，也种些庄稼，妻子简负责乳制品制作和家禽的饲养

罗伯特·彭斯
在埃里斯兰

❡ 农夫诗人

白天,彭斯是一位农夫,晚上则是诗人。他经常在骑马、走路的时候酝酿诗句,到了夜晚,他就在客厅里记录脑海中构思好的诗篇,而孩子们就在他身边玩耍。尼斯河畔的风景为彭斯带来了灵感,在这里,他写下了他最好的作品。据统计,他在埃里斯兰农场短暂的三年,创作了他人生 1/4 的文学作品——130 首诗歌和歌谣,还有 200 封信。

将彭斯称作园丁可能有点牵强,实际上,辟地种菜、种鲜花点缀餐

对页左上图和对页下图：这是埃里斯兰农场靠近尼斯河的小路，彭斯经常在这里散步，他著名的叙事诗作《汤姆·奥桑特的故事》的灵感就是在这里诞生的

对页右上图：弗里亚尔平原的主人是彭斯的朋友罗伯特·里德尔。他允许彭斯使用僻静的石屋来写作

桌的基本上是简和一个雇工帮手。

不过，彭斯确实通过亲身体验更理解了田园生活，园艺是这种生活的一部分。正是在埃里斯兰，他谱写了《园丁和他的铁锹》，在这篇作品中，他表达了自己对在这片土地上劳作的人的情感。

¶ 汤姆·奥桑特步道

彭斯认为他最好的一首叙事诗是以民间传说为基础的《汤姆·奥桑特的故事》。这首诗歌就是他在埃里斯兰期间，沿着尼斯河畔散步时创作的。彭斯认识了一位叫作罗伯特·里德尔的上尉，他的庄园在离农场不远的上游，叫弗里亚尔平原（修士平原）。正是在弗里亚尔平原，彭斯遇到了弗朗西斯·格罗斯，他那时正在整理苏格兰古代史。彭斯为了纪念他的父亲，请求格罗斯给他提供一幅阿洛韦·柯克——那里埋葬着他的父亲威廉·彭斯——的插图。格罗斯同意了，不过条件是彭斯需要写一篇"巫婆的故事"来配这幅画。据说彭斯大步流星地走在埃里斯兰的草地小路（这条小路现在被称作"汤姆·奥桑特步道"）上，他就这样来回走着，离开时，他的脑海中已经清晰地浮现出一个女人复仇的故事。

¶ 隐士屋

彭斯经常穿过田野，走到有草木的开阔地和弗里亚尔平原，弗里亚尔平原就在自己的农庄后面。里德尔免费给彭斯使用树林中的一个小小的隐士石屋，供他在里面写作。两个世纪后，彭斯谱写的诗篇和歌谣仍然在那里萦绕着。

但彭斯也是著名的花心情人，他利用这个隐士屋与玛丽亚·班克斯·里德尔——他朋友的嫂子——幽会。之后他再赶回家，穿过山毛榉林荫道，去见简和他的孩子们。

把这格言铭刻在你的灵魂之上。

人生最多不过是一天（人生如梦转眼百年），

自黑夜中跃出，在黑暗中消逝：

希望如同阳光，不是每小时都有。

不要害怕，乌云终将消散。

《修士诗》，于修士平原隐士屋

彭斯认识里德尔以及弗里亚尔平原的朋友们后，写出了《哨子——民谣》。这是他 1789 年 10 月 16 日观看一场饮酒比赛后一挥而就的作品。现在，弗里亚尔平原好像已经改造成为一处乡村旅馆[10]。

上图：这座隐士屋完全隐蔽在弗里亚尔平原的花园里，彭斯在这里写出了好几篇著名的作品

¶ 田园梦的尽头

与此同时，埃里斯兰农场在苦苦挣扎，不是因为缺乏照料，而是确实这里的土地贫瘠，产量低下。彭斯接受过税务知识的培训，不得不接受当地专员给他的一份税务员的工作。他负责邓弗里斯周围 10 个教区的税务，每天需要骑行 48～64 公里去拜访当地农场、住宅（酒馆）和其他商业场所，以评估其利润和所欠税款。他努力写作，在农场做体力活，加上这样一份税务官的工作，收入有了改观。

简还记得彭斯漫步到谷仓的院子里，躺在一堆稻草之上，凝望着夜空中的星星。之后他回到客厅的书桌旁，提笔写下了《你的徘徊之星》——她认为这是写给"天堂中的玛丽"的。也是在同一个房间，彭斯编写了很多苏格兰传统歌谣，很多都是他在旅途中听来的。1788 年 12 月，他从一位老人吟唱的一首古老曲子中得到灵感，提笔改写成为后来的传世

罗伯特·彭斯
在埃里斯兰

之作《友谊地久天长》。

1791年的彭斯终于决定像燕子那样迁徙离开农场。这里正在削弱他的能量。他把埃里斯兰农场称作"毁灭性事件"。

这场田园梦始于浪漫主义的希望，终于凋零的土地。他和简带着孩子们搬到了邓弗里斯镇。最初住的是一套局促的平房，后来住进一所相对宽敞的房子。彭斯放弃了尼斯河谷的美景，换成了更适合他身体健康的地方。这位文学明星在他37岁去世之前，还写了《我的爱人是一朵红红的玫瑰》。他一共写了60多首诗歌，包括绝笔之作《无论何时都要保持尊严》（也译作《男儿当自强》）。

在彭斯生病的最后期间，他被带到索尔威湾洗浴，医生们希望通过将身体完全沉浸在海水中治愈他。简在彭斯去世之后依然住在邓弗里斯镇，照顾他们的孩子，怀着对自己那任性又杰出的丈夫的记忆，简在彭斯离世后又生活了38年。

在罗伯特·彭斯最后的日子里，他被带到索尔威湾，冀望能恢复健康

彭斯的遗产

埃里斯兰农场现在有一批人在照料,他们致力于恢复彭斯当年在此的场景,也纪念他当时在尼斯河畔这个特殊环境中开创的工作。蔬菜园已经不再耕种了,小果园还在,还有一个存放旧农具的外屋。

这里还有一个散步的地方,就是当年彭斯诞生诗篇《汤姆·奥桑特的故事》灵感的步道。步道离房屋很近,靠近尼斯河南部。沿着这条步道,可以一直通往弗里亚尔平原的庄园土地,当年彭斯于此写作的石屋还在树林中。在邓弗里斯镇也可以参观彭斯生命最后几年所居住的房子。

罗伯特·彭斯出生并一直成长到7岁的农舍位于埃尔郡的阿洛韦,目前由苏格兰国家信托组织管理。彭斯在埃尔郡的租佃农场生活,后来和他的弟弟们共同租佃的莫斯基尔农场也在这边,后来才搬到了埃里斯兰农场。每年他的生日1月25日,苏格兰人都会为彭斯举办诞辰纪念日的庆祝活动,以纪念他短暂的一生和写下的璀璨诗篇。现在这个著名的节日已经成为全世界人们来此欢聚的"彭斯之夜"。他的诗篇和歌谣表达了人们对那些不能与之在一起的人和地方的向往。对于许多苏格兰人来说,尤其是那些离开家乡的人,彭斯的诗篇将他们又和故土联系在一起。

故居所作

罗伯特·彭斯（1759—1796）肖像画，亚历山大·奈史密斯绘于 1787 年

埃里斯兰，

1788—1791

罗伯特·彭斯收集歌谣，并用自己的文字记录下来。他在埃里斯兰农场居住期间，写下了著名的《友谊地久天长》——这是他根据一首古老的歌谣编写而成的。同期，他与出版商詹姆斯·约翰逊合作出版了六卷本歌谣集《苏格兰歌谣歌曲集》（The Scots Musical Museum，1787—1803）。

《受伤的兔子》（The Wounded Hare，1789）
《你的徘徊之星》（Thou Lingering Star，1789）
《园丁和他的铁锹》（The Gard'ner wi'His Paidle，1789）
《哨子——民谣》（The Whistle—A Ballad，1789）
《汤姆·奥桑特的故事》（Tam O'Shanter: A Tale，1791）

威廉·华兹华斯
在科克茅斯和格拉斯米尔

William Wordsworth at Cockermouth and Grasmere

> 在父亲的背后,
> 是他经过的房子,就在附近;
> 那时我们漫步在露台,
> 他是我们深爱的玩伴。
>
> ——华兹华斯自传体长诗《序曲》

1770年,诗人威廉·华兹华斯出生于坎布里亚北部的小镇科克茅斯,他在家里五个孩子中排行第二。华兹华斯一家住在镇上最好的房子里,房子的花园紧靠着德文特河,周围则是群山环绕。

威廉的父亲是当时有权势的洛瑟家族的律师及代理人。一个家庭有了稳定的工作,也就能拥有自己的居所。起初,年轻的华兹华斯过着闲适的生活,他被允许自由游荡——在河里游泳,和兄弟们一起去钓鱼探险,和妹妹多萝西在乡间漫步。他们一起读书并沉浸于此,而华兹华斯则坐在河边,清澈的河流就在花园的墙外汩汩流过。生活的内容很丰富。厨房花园中也有很多食材可用,家里还有仆人。

华兹华斯8岁时,母亲不幸去世,之后孩子们则由祖父母和叔叔婶婶照顾。威廉被送到了鹰岬小镇读书,多萝西则去了哈利法克斯与那边的一个家庭住在一起。孩子们很多年没有团聚在一起。华兹华斯13岁时,父亲也不幸去世了。他的遗产是一笔债权,但在和雇主詹姆斯·洛瑟爵士的一次争执后,雇主不愿偿还这笔钱,这直接导致了孩子们的贫困和地位的丧失,他们失去了童年的家园。

与兄弟姐妹的分离、父母的相继去世都对华兹华斯的诗歌产生了很

威廉·华兹华斯1770年出生于坎布里亚的科克茅斯,德文特河静静地流经他当年住过的房子

威廉·华兹华斯
在科克茅斯和格拉斯米尔

大的影响，他最优秀的诗歌《雀之巢》和《致蝴蝶》，都回首了他那田园诗般的童年。在后面的诗歌中，妹妹多萝西成为了埃米琳，"我幼年时期的历史学家"，很多年后，多萝西描绘了回到他们第一个家时的情景。她记得德文特河边的露台，那里已经杂草丛生；她童年时代美丽的玫瑰和女贞的绿篱已经长太高了，几乎把老露台给遮住了。

¶ 挽救故居的使命

1937 年，华兹华斯的故居差点就保不住了，因为这里需要为一个公交车站让路。幸好，在最后的关头，一群当地人共同出资 1625 英镑，买下了这所故居。一年之后，这里交给国家信托组织来管理。花园在 2004 年的一次大修复中得到重整。之前一直都只是被铺上草坪。

考古调查为修复现在所谓的华兹华斯故居和花园提供了一些先前布局的线索，这里又重新变成一个高产的花园。室内也需要重新装潢。但 2009 年一场席卷科克茅斯的可怕洪水对修复工作造成了很大的破坏。洪水以每小时 40 公里的速度流过，冲走了多萝西记忆中的花园东墙和露台后墙。

为了安全起见，露台的其余部分后来不得不拆除，因为它得完全重建了。这样园丁又有机会重新考虑花园的布局和种植安排，他们决定用乔治王朝时期流行的本地植物来恢复花园，使其更接近华兹华斯出生的年份：1770 年。

华兹华斯故居花园中的花草现在包括：老式玫瑰，很多种药草（如蓼科的拳参），一些草本植物如日光兰、红色重瓣药用芍药"Rubra Plena"、菘蓝，还有一些用来做鲜切花的花草，比如小蓟和紫锥菊，以及传统蔬菜。显然，乔治王时代的豆子很难买到，但这里有一种矮小的四季豆叫"懒主妇"，还有马齿苋、法国菠菜、亨利藜（一种原产欧洲深绿色大叶子的藜属食用蔬菜）、威尔士洋葱，以及最古老的甜豌豆品种——"matucana"和"彩妆女郎"。

对页上图：华兹华斯的父亲是洛瑟家族的代理人，这栋位于科克茅斯中心的乔治王朝风格的住所，也正是他得到工作后买下的

对页中图和下图：威廉·华兹华斯和他的妹妹多萝西从小便在山河环抱的优美风景中长大

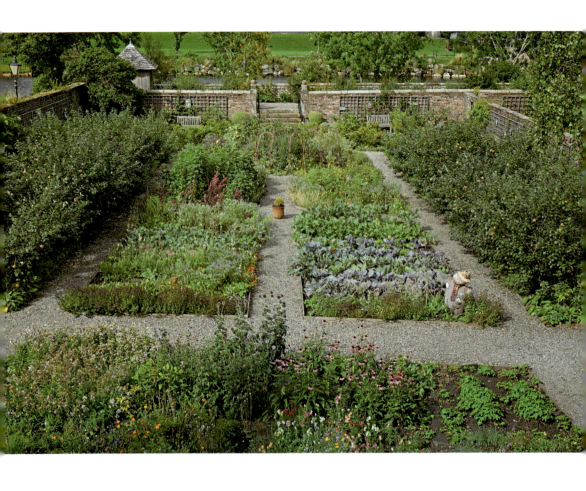

花园里还种着很多琉璃苣、旱金莲、牛蒡、葱和香芹,还有鼠尾草——所有这些都是18世纪晚期常见的、可供餐桌食用的蔬菜。这些花草蔬菜食用起来都很新鲜,味道细腻、甜美可口,很适合用来烹调肉、鱼和馅饼等。

围绕着花园的四周院墙设有橡木的框架,这是根据1768年菲利普·米勒撰写的《园丁辞典》的指导来建造的。在这本书中,他认为5~6英寸(12~15厘米)的正方形框架比较适合李子、苹果和梨,8~9英寸(20~23厘米)的正方形框架适合葡萄、啤酒花、铁线莲和玫瑰。

在其他地方,橡树被劈开做成鸡窝的围栏,榛子树枝和柳枝被制成植物支架。一直以来,国家信托组织的园丁们在花园中都只使用如黄麻绳、大麻纤维、木桩这样的天然材料,力图还原华兹华斯时代的情形。

位于科克茅斯华兹华斯故居后面的围墙花园得以重建。这个18世纪晚期的花园很多产,种着鲜花、蔬菜,还有一些贴墙种植[11]的水果和苹果树

威廉·华兹华斯

在科克茅斯和格拉斯米尔

上左图：一处多年生蔬菜苗床，有各种古老的品种，包括阔叶酸模、亨利藜和辣根。

上右图：格林纳普（Greenup's Pippin）绿苹果是18世纪的老品种，来自兰开夏郡。

花园的墙面用了一种本地的瓦板岩覆盖，很有当地特色；周围还种有青梅、西洋李子、欧洲酸樱桃、黄香李，还有传统品种的梨树和榅桲。

花园的露台是华兹华斯兄妹童年生活的一个重要场所。妹妹多萝西描述了她幼时的记忆中，女贞和玫瑰挤在一起，争先恐后地生长，形成了一个高低不平的粗糙绿篱，而不像我们平常见到的那样整齐有序。现在的故居花园尊重了这一历史——露台两旁排列着白色的田园蔷薇（Rosa arvensis）和另一种地榆叶蔷薇（R. pimpinellifolia，也译成伯奈特蔷薇）；这两种花都能结出漂亮的蔷薇果，分别是橙色和黑色。玫瑰绿篱的尽头是一栋橡树屋顶的乡村夏屋。

隐蔽在视线之外的是一座小小的围墙花园，那里长着两棵老苹果树，

威廉·华兹华斯
在科克茅斯和格拉斯米尔

一棵来自兰开夏郡的凯西克尖头苹果,另一棵叫作"女士的手指",果实适合酿造苹果酒。在主花园中,种着两排格林纳普绿苹果,这是20世纪80年代种植的,在2009年的洪水中幸存下来,它们能结出大而尖、多汁的苹果。

¶ 华兹华斯在鸽舍小屋

多萝西和威廉从小就分开了,他们总想着有一天一家人能再回到一起居住。但很多事情阻止了这个梦想的实现。在剑桥待了一段时间后,威廉来到法国,在那里他爱上了安妮特·瓦隆。1792年,他的女儿卡罗琳出生了。威廉本打算娶安妮特为妻,但法国爆发革命,他被迫离开。在接下来的七年里,威廉有时和多萝西在一起,更多的是和他的诗人朋友塞缪尔·柯勒律治在一起,前往德国和其他西方国家。1799年,威廉回到湖区,并将他小时候生活过的山川湖泊、河流介绍给他的朋友们。

威廉和多萝西这对兄妹在格拉斯米尔河边找到了一间小屋,一年租金仅需8英镑。那时候它还不叫鸽舍小屋,而是一家叫"鸽子&橄榄枝"的酒吧,就位于格拉斯米尔村的尽头。兄妹俩欣喜若狂,有时候他们的兄弟约翰和科尔里奇也加入团聚的行列,弟弟科尔里奇后来搬到了大市政厅附近,但经常回来和他们住上几个星期。

1799年,兄妹俩搬进了鸽舍小屋。华兹华斯写道:多萝西对这处居所非常满意,她已经开始畅想夏天的情景——他们计划在阶梯的坡顶安置可以坐下来休息、观景的椅子。

上左图和上右图:科克茅斯的围墙花园中的花草,左上角是琉璃苣,用来点缀食物,右上角是紫锥菊,这是一种有药用价值的宿根植物,也叫松果菊

下左图:田园蔷薇是翻修后新种的。威廉和多萝西正是在河边的露台上认识了女贞和蔷薇绿篱

下右图:凯西克尖头苹果是湖区特有的一种苹果

> 有段时间,草地、树林和溪流,
> 地球上每一个普通的景象
> 在我看来
> 都是天光中的幻影。
>
> 《童年记忆中的不朽暗示》

在坡道两侧种上了绿蕨、球茎植物,还有一些野花,这些都是散步时顺手采集的,或是当地人送给他们的。他们把这个山坡整理成梯田状,这样可以种植一些从前在科克茅斯花园种过的可食植物——豌豆、法国的红花菜豆、芜菁、拳参,还有小萝卜;他们还在墙上种了攀缘的金银花和藤本月季。

也正是在这里,华兹华斯成为一名专业诗人,他的很多追随者都认为,鸽舍小屋是他创作力的源泉。最初的几年中,他的起居和生活都由妹妹多萝西照顾,这意味着他可以腾出时间创作和散步。他们砍柴生火,在花园里耕作,互相谈心,朗诵诗歌。在这栋鸽舍小屋里,华兹华斯写出了很多脍炙人口的诗歌,关于花草、关于自然,包括那首著名的诗:《我孤独地漫游,像一朵云》。

1802年,华兹华斯娶了他童年时候就认识的朋友玛丽·哈琴森。这间农舍虽然舒适,但对一个成长的家庭来说就有些不够用了。所以在1808年,华兹华斯夫妇和三个孩子,还有多萝西一起搬到了这个地区的另外一处居所。1813年,他们全家最终定居在几公里之外的瑞达尔山。但鸽舍小屋永远和这位天才的浪漫诗人联系在一起,在这里他感受到了安宁,可以回首往事,尤其是他的少年时代,还有那段很快消逝的、田园诗般的童年时光。

格拉斯米尔村的鸽舍小屋(前景)是威廉和他的妹妹多萝西分别多年后的第一个共同的家

威廉·华兹华斯
在科克茅斯和格拉斯米尔

左上图：华兹华斯兄妹在 1799 年搬入这栋鸽舍小屋，它位于格拉斯米尔村

右上图：兄妹俩在农舍后面的坡地上方建了一座夏日凉棚

左下图：花园很小，但威廉和多萝西种了些能攀爬在墙面的植物，还种了些蔬菜和花草

右下图：当威廉与玛丽结婚、生子后，鸽舍再也容不下这个不断壮大的家庭了

故居所作

威廉·华兹华斯木刻肖像画，约翰·柯克兰作

科克茅斯，1770—1778

威廉·华兹华斯在科克茅斯的童年时代深深地影响了他后期诗歌的灵感，包括《雀之巢》（*The Sparrow's Nest*）、《致蝴蝶》（*To a Butterfly*）。

格拉斯米尔村，1799—1808

《序曲》（*The Prelude*，始作于1798年；出版14卷，诗人去世后的1850年付印）

《诗篇（两卷本）》（*Poems*，1807）

《我孤独地漫游，像一朵云》（*I Wandered Lonely as a Cloud*），这首诗的灵感来自于1802年4月的一天，诗人和妹妹多萝西在厄尔斯湖畔散步时遇到的一片野生水仙花。这首诗发表在《诗篇（两卷本）》上，修订版于1815年出版。

沃尔特·司各特在阿柏茨福德

Walter Scott at *Abbotsford*

> ……当树木开始繁茂，我的喷泉水注满，而钱包却相反，归于了零。
>
> 沃尔特·司各特，1812年

19世纪的作家很少有没有读过沃尔特·司各特的书的。他是那个时代第一位浪漫主义小说家，也是当时最成功的作家。简·奥斯汀在读他的第一本小说《威弗莱》时就说道：他已经是这么著名的诗人了，没有必要再成为一位了不起的小说家啦！

与罗伯特·彭斯一样，司各特也收集苏格兰传统民谣。他40岁来到阿柏茨福德[12]时，已经非常富有，有一个非常成功的职业生涯——首先，他是爱丁堡法庭的辩护律师，其次才是一位诗人。他的五部民谣诗集包括：《最后一个行吟诗人之歌》、《玛米恩》和《湖上夫人》。最后这本在第一年销量就超过23000册——这是此前诗歌作品从未达到的成就。

上图：沃尔特·司各特爵士（1771—1832）肖像，詹姆斯·汤姆森刻

对页图：这是位于苏格兰边境的阿柏茨福德花园，百子莲正在围墙花园中怒放

¶ 完美的环境

司各特从城市爱丁堡搬到了塞尔克郡的乡村,这开启了他作为小说家的新阶段。他在塞尔克郡担任治安官,这让他有很多机会去往爱丁堡南部边境的乡村。在这里,1811 年他发现了一座破旧的农舍,当时叫卡特里洞。虽然破旧,但它坐落在特维德河岸一处风景最好的位置。于是他买下了这里,并改名为"阿柏茨福德"。

司各特将这里逐步改建为一处庄园,这花费了他大笔的收入,但也给他带来了极大的乐趣。在接下来的 14 年中,司各特把这个简陋的农舍改造成一处梦幻般的"城堡"。即便在砖头铺好之前那一刻,司各特还在忙着种树,他梦想着把这片"光秃秃的高地和荒凉的河岸"变成一座树木繁茂的伊甸园。他的首要任务是获得更多的土地,这样才有更多施展空间。这座庄园最初 44 公顷(110 英亩),后来扩展到了 243 公顷(600 英亩)之大。他还在位于房子东面的蔬菜花园旁边增加了一堵花园围墙。这栋房子和周边的规划看起来很协调,原因是主人在设计房子的同时设计了花园。司各特得到了"品位组委会"的协助,这个委员会的成员包括建筑师朋友威廉·阿特金森、詹姆斯·斯凯恩,还有演员丹尼尔·特里——他的妻子伊丽莎白绘制的一幅阿柏茨福德风景画流传甚广。

随着司各特财富的增长,庄园环境的改变,司各特于 1817 年开始了第二次扩建,他把农舍改成了"奥尼别墅",还计划修建一个环形的草坪和行车道。1822 年,已经是爵士的沃尔特·司各特将他的领地扩大到了 566 公顷(1400 英亩),而且他正忙着种更多的树木、拆除之前的农舍、建造我们今天看到的富丽堂皇的住宅。他在原先的厨房花园(现在称作围墙花园)西面建造了一个新的厨房花园,旧的厨房花园则被改建成一个下沉式花园(现在叫作莫里斯花园);还建了一个石拱廊,将庭院(现在是南院)的入口围了起来。

上页图:司各特买下的这栋房子附近有一处浅滩,附近梅尔罗斯修道院的僧侣们经常从这里渡过特维德河,这也正是 abbots' ford——修道士浅滩(音译为阿柏茨福德)名字的由来

右上图:司各特前后花了 14 年修建阿柏茨福德庄园,他把所有的可观的财产都花在房子和扩建围墙花园上

右下图:修剪得很好的紫杉是维多利亚时代种在南边庭院中的

威廉·华兹华斯
在科克茅斯和格拉斯米尔

威廉·华兹华斯
在科克茅斯和格拉斯米尔

对页上图：司各特最喜欢的猎鹿犬梅达，就埋在进门处的这座雕塑之下

对页中图：司各特是个大收藏家，他喜欢收集历史文物，在南庭院这个壁龛上就镶嵌着古罗马的雕刻嵌板

对页下图：这尊雕像叫作莫里斯，是司各特的小说《罗布·罗伊》中的一个人物名字

¶ 阿柏茨福德花园

　　游客们会从铁闸门进入南庭院，然后到达壮观的阿柏茨福德。这里有条可供马车掉头的环形路，还有草坪和花坛，这些布局仍然是当年司各特在世时的样子，不过精心修剪过的紫杉是维多利亚时代种植的。

　　南墙和西墙的壁龛是为主人存放那些收藏的罗马嵌板和其他古董而设计的。原来这里有一座精致的网格状造型的红豆杉绿篱，但随着时间的推移，现在它已经长成一片密集的绿篱，先前的造型已经看不出来了。南庭院很气派，这主要得益于司各特的园丁威廉·博格，他之前在达尔基斯宫工作。司各特说过："他为我的花园创造了美丽的奇迹。"威廉负责一处沿着拱廊的狭窄花床，那里种着蜀葵和玫瑰，还有一座攀缘着金银花的藤架。

　　拱廊的另一面是莫里斯花园，之所以叫这个名字，是因为司各特在这里安置了一座雕像，名字取自司各特小说《罗布·罗伊》中的主人公。遗憾的是，雕塑家约翰·格林希尔德和司各特在雕塑完成之前就都去世了。莫里斯正在祈求宽恕，但他的手却一直未能雕刻完工，这让人物更显哀伤了！因为莫里斯花园周围有高墙围着，所以这里有种修道院的感觉。司各特的计划是让这里成为一处有观景露台的草坪中庭，他在中间安排了一条路，可以直穿过去。1824年，司各特在原先可能被用作储藏水果的地方新增了一座旗塔。

　　围墙花园曾经是司各特对阿柏茨福德花园最具雄心的项目，他希望可以为很多来访者提供水果和蔬菜。花园是典型的摄政风格[13]，这个位置朝西南方向，又是斜坡，能接受最多的阳光照射。这在苏格兰地区格外重要，这里的园丁必须充分利用漫长的夏日和光照很少的冬季。这座花园的布局正是当年司各特的设计——0.4公顷（1英亩）的土地，还有小路和黄杨绿篱将空间分割成四等份；有两片草本花境一直延伸到温室附近。和居所一样，温室也有最新式的玻璃窗和暖气。

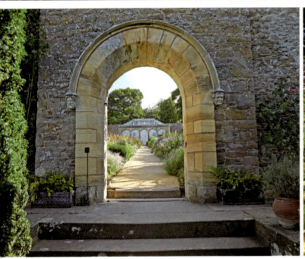

威廉·华兹华斯
在科克茅斯和格拉斯米尔

对页上图：阿柏茨福德的围墙花园是司各特自己设计的，有花床和果树、蔬菜，还有南向的温室

对页左下图：石拱门是围墙花园的入口，同时也引出了令人印象深刻的景色

对页右下图：温室前面开着的马鞭草（粉色花朵）和糙苏（黄色花序）；这个温室是1824年司各特在世时建的

1821年12月和1822年1月，当年司各特购买的收据上显示，他从威廉·兰姆种子经销商那里买了不少蔬菜种子，包括葡萄牙洋葱、斑点花芸豆、卷心菜"甜面包"、红葱头和萝卜，还有风信子球茎。在21世纪，人们对蔬菜的偏爱已经转移到花卉上，主要种植的花草有吊钟柳、百子莲、糙苏、六出花、紫锥菊、香鸢尾、火炬花、火星花等。花园的一侧种着红树莓、草莓、卷心菜，还有两株分别名为"苏格兰布里奇特"和"格拉姆斯塔"的苹果树，它们是在20世纪初种下的。

司各特的法国妻子夏洛特特别喜欢鲜切花，这一传统也一直在围墙花园中得以延续。大丽花是夏季花坛的亮点，不过它们无法挺过苏格兰的严冬，这里最冷的时候有好几周气温低于零下10℃。司各特自己还尝试种过那个时代稀罕的菠萝和桃子，但没有成功，在玻璃温室中种葡萄和西瓜还好点。

¶ 种树的人

没有什么比在庄园中种树更让司各特和他的庄园管事汤姆·普迪感到高兴的了。普迪曾经以偷猎罪和司各特产生了交集，但后来两人成为好朋友并建立起雇佣关系。他们一起营建了特维德河岸树木繁茂的景观，司各特帮着种了很多树，他说自己可以愉快地从早到晚种树修树！通常是普迪敲一下司各特的书房，示意他是时候出来了，然后司各特就赶忙去往前厅，打开窗户看下天气如何，穿上外套，带着狗越过山坡去种树。

¶ 命运的转变

阿柏茨福德庄园的建筑引人注目，有着童话般的角楼和内部装饰。维持建筑的部分资金来自预支的收益。1826年，司各特在爱丁堡的出版商康斯特布尔倒闭，他还受到他的印刷合伙人詹姆斯·巴兰廷的牵连，

上图：两侧的花境贯穿整座围墙花园，里面种着六出花、百合、鼠尾草、糙苏、百子莲和景天

下图：切花圃中的大丽花为夏末带来一抹亮丽的色彩

司各特远行时怀念他的阿柏茨福德庄园,他的临终遗愿就是回到自己的家,透过窗户看远山和特维德河

这让司各特陷入了亏损之中。实际上他当时破产了。由于破产就意味着失去阿柏茨福德庄园,司各特不得不请求通过写作来偿还他的债务。这种不一般的请求得到了许可,阿柏茨福德被托管。在司各特的余生,他从写作中赚来的每一分钱都用于弥补亏空。

司各特在一楼的书房写作。书房里有个楼梯,他常常一大早就从卧室里溜出来,穿着睡衣就开始写作,直到中午。他写作速度很快,通常连标点符号都不加,就用钢笔和墨水写作,然后用吸墨纸吸干。他的生活变成了无穷无尽的工作,尤其是在1826年妻子夏洛特去世后。此后,女儿安妮照顾他的生活,后来他还有了外孙女夏洛特——她将阿柏茨福德的故事继续传给后代。事实上,司各特的大部分债务在他有生之年就已经还清了,其余的部分在他去世后也解决了。

1831年,司各特去欧洲旅行过冬,但依然惦记着阿柏茨福德。他经历了几次中风,便开始长途跋涉回家,途经德国和英国伦敦。他自知时日无多,想起在阿柏茨福德的宝贵日子,他想再看看自己的花园、种下的树木和特维德河畔的景色。

1832年7月,司各特终于到家了。他在餐厅搭了一张行军床,从那里可以看到河,他写下了自己回家的喜悦心情,并于9月在家中去世,据说他死去的时候手里还拿着一支笔。

¶ 司各特去世后的阿柏茨福德

阿柏茨福德一直都是一座展示性的庄园——被大家注视并被仰慕。司各特去世后一年,这里就对外开放,很快吸引了世界各地的游客。他的外孙女夏洛特于1853年继承了这块地产,和丈夫詹姆斯·霍普一起管理这座庄园。她负责保护莫里斯花园,为这里铺了一条下沉式小路——可以将游客们带到进入庄园的另一个侧门,从而保证南庭院作为他们自己的私家花园。

女性在保护沃尔特·司各特爵士在阿柏茨福德庄园留下的遗产方面,继续发挥着重要的作用。司各特的曾孙女玛丽·莫妮卡致力于这项事业,她又把这份热情传给了她的儿子沃尔特·麦克斯韦尔·司各特少将。20世纪下半叶,司各特少将的两个女儿帕特丽夏和简·司各特女士一起照料阿柏茨福德,将这位伟大作家与庄园的联系传承下去。

2007年之后,这个庄园的地产一直属于阿柏茨福德基金。庄园包括房屋、花园,还有往特维德河延伸的部分,包括司各特在19世纪初种的橡树和松树林。现在我们穿过庄园,就能看到这些当年主人手植的树木,正如他当年看到的那样。

故居所作

阿柏茨福德庄园的木制品和沃尔特·司各特爵士的石刻字母组合

阿柏茨福德，

1811—1832

司各特的写作生涯从写诗开始，但他最出名的还是小说家身份。他的作品包括23部畅销书，其中《威弗莱》九本；还有传记。目前大约有80部歌剧和音乐作品是改编自司各特的作品，比如罗西尼的《湖上夫人》(The Lady of the Lake)和多尼塞蒂的《来自拉美默的新娘》。司各特所有的小说作品都是在阿柏茨福德创作的。1825年，也就是他去世之前七年，他开始写在这里的生活日记。

《威弗莱》（Waverley，1814）
《古董商人》（The Antiquary，1816）
《罗布·罗伊》（Rob Roy，1817）
《中洛辛郡的心脏》（The Heart of Midlothian，1818）
《来自拉美默的新娘》（The Bride of Lammermoor，1819）
《艾凡赫》（Ivanhoe，1819）
《肯纳沃尔思堡》（Kenilworth，1821）
《十字军英雄记》（The Talisman，1825）
《沃尔特·司各特爵士日记》（The Journal of Sir Walter Scott，写于1825—1832年，去世后出版）

Rudyard Kipling at *Bateman's*

鲁德亚德·吉卜林在贝特曼庄园

> 我们的英格兰就是一座花园，
> 这样的花园并非坐在阴凉处
> 只是歌咏"啊，多么美丽"
> 就能筑就。
>
> 《花园的荣耀》

在所有的园艺诗篇中，最常被大家引用的可能是鲁德亚德·吉卜林的《花园的荣耀》。这是为赞美身边辛勤工作的园丁们所作的。诗人住在苏塞克斯的乡村，不仅以笔墨耕耘天地，还亲自创建了一座辉煌的花园。

左图：贝特曼庄园建于 1634 年，很可能是当地一位铁匠所建。门前的小路是由苏塞克斯当地特有的一种大理石铺就

对页图：鲁德亚德·吉卜林和妻子卡莉在 1902 年购买了贝特曼庄园，并在房子周围建造了一系列花园

鲁德亚德·吉卜林
在贝特曼庄园

贝特曼庄园被杜德威尔山谷紧紧拥抱,这里有树木繁茂的山坡、湍急的溪流,还有肥沃的黏性土壤。自1902年至1936年,吉卜林和妻子卡莉一直住在这里。1939年之后,卡莉将房产及屋里的全部物品移交给国家信托组织。所以,贝特曼庄园是保留作家当年居住状态最完整的一个范例,人们参观时,仍然可以感受到庄园中留存的吉卜林的精神气质。

吉卜林的父亲约翰·洛克伍德·吉卜林是一名艺术家和建筑雕塑家,曾经在印度孟买教书,后来成为拉合尔博物馆馆长(所以吉卜林出生在印度孟买)。起初,年轻的吉卜林在当地报纸发表一些文章,之后他开始写短篇小说,并且很快成为在印度用英语写作最著名的作家。1892年,他和美国姑娘卡罗琳·巴莱斯蒂尔结婚(人们都叫她卡莉),并于1889年定居伦敦。

鲁德亚德·吉卜林
在贝特曼庄园

最初这对夫妇试图在美国的新英格兰定居，他们在佛蒙特州靠近卡莉家的地方盖了一栋房子，那块土地有 4.4 公顷（大概 11 英亩）大。但是后来在一次和卡莉哥哥公开的争吵之后，1897 年，他们带着孩子回到英国；在苏塞克斯海边靠近罗廷迪安的地方，他们安定下来。这之后的 1899 年，在一次访问纽约的旅途中，吉卜林和女儿约瑟芬都感染了肺炎，吉卜林差点死掉，最后康复了，可是 6 岁的女儿却不幸夭折。这之后吉卜林和妻子一直无法从悲痛中恢复过来。

罗廷迪安的住所承载了吉卜林太多的回忆，加之《丛林之书》的成功让这个原本沉默寡言的人一下子成为众人的关注点，因此，当吉卜林看到贝特曼庄园时，他意识到这里正好可以让自己从喧嚣的世界中撤离。

1902 年，吉卜林夫妇搬进了这所房子，周围有 13 公顷（33 英亩）的花园、草场和林地。对于吉卜林幸存的孩子约翰和埃尔西来说，贝特曼庄园从此成为他们田园诗般的童年背景——他们在老采石场排演戏剧、探索河边的磨坊。这些场景也出现在吉卜林的两部儿童故事中：《山精灵普克》和《奖赏与仙女》。

吉卜林夫妇一直在寻找一处可以躲避公众喧嚣的世外桃源，他们很喜欢苏塞克斯林区的安宁环境

土与石

贝特曼庄园的房子建于 1634 年，可能是一位铁匠用砂岩建造的——东苏塞克斯这片地区有较多富含铁矿石的岩层，栗树和鹅耳枥烧制的木炭也特别有名。在吉卜林的自传中，他写到，贝特曼庄园完全是"属于这里的房子"，就像从地里生长出来的一样自然。他特别喜欢这里的建材都为天然所赐。采石场离房子不过几米远，屋顶的瓦片也由本地的黏土烧制而成。

吉卜林建造贝特曼庄园的时候已经很有经济实力了，他把所有精力和财力都投入其中，购置了 17 世纪的橡木家具、钟表和各类壁挂装饰。他也修缮了花园，用紫杉绿篱分隔了空间，设计了一座果园，还有一座

厨房花园,现在叫作"桑园"。

¶ 造园

1907年,吉卜林成为第一位获得诺贝尔文学奖殊荣的英国人,奖金是7700英镑——足以让他对花园进行大规模改造了!对于前院,他想保持外观的朴素整洁,所以在草坪的四周种上了小灌木。房屋两侧是前主人种下的两排褶叶的椴树:这是紫色的欧洲阔叶椴,它们确定了这里正式又对称的格局。吉卜林把花园设计成两个不同的层面:一个是离房子最近的上层露台,被称为"后甲板"[14];另一处则是由几组宽大石阶组成的下半部分。由于杜德威尔河是潮汐河流,河水经常漫过最下面一层草坪,这样吉卜林就可以坐在上方的"后甲板"眺望水面了。

在果园里,吉卜林种了很多品种的果树,包括苹果树"巴斯美女",现在还在花园里长着呢!很多果树后来都没有了,之后果园又陆续种上了欧山楂、梨树、桑树,还有好几种古老的赤褐色苹果[15]。

在果园下方的斜坡处,吉卜林还设计了一排梨树的林荫道,它们的枝条被引导爬上长长的铁艺框架,这里种植着"冬香梨"、"早红考密斯"

上图:吉卜林建造了一个果园,在房子的斜后方还布置了一座蔬菜花园,种了欧山楂(上图左)、甘蓝,以及爬在花园棚屋上的红花菜豆(上图中)、啤梨(上图右,西洋梨的一个软梨品种,梨甜多汁)

上图：客人进入花园后，会看到左侧是草花花境，右边是果园

下图：这处梨子的拱廊是由吉卜林设计安装的，2000 年重新种了一批梨树，包括冬香梨、Doyenné du Comice''（一个法国品种，也是一种啤梨，果实为圆锥形，果肉绵软多汁，味道香甜，耐储藏）和哈特西洋梨

左图：通往桑园的小路也是用本地砖块砌成的，每隔一段用磨石镶嵌

对页图：桑园中的切花花境以黄杨为绿篱，其中点缀着观赏草和尾穗苋"串珠"（*Amaranthus caudatus*）

西洋梨，还有一些其他梨子品种。这排梨树与门口的铁艺门连成一线，铁门上还刻有 Kipling 的首字母。这扇门通向带有围墙的桑园。吉卜林夫妇搬到贝特曼的时候，这里有一处旧的马厩，他们将它改建成了蔬果种植区。这里目前已经被修复，不过并非当年的复制，而是种上了富有装饰效果并能烹饪的植物，与更大的那个厨房花园相互补充。这里的花境中种着可以作为鲜切花的植物。初秋的明星植物是苋属雁来红，生长

鲁德亚德·吉卜林
在贝特曼庄园

在柔软的观赏草和其他一年生植物之间。中间有一棵结黑色果实的桑树,代替了吉卜林时代的那棵树。

杜德威尔河蜿蜒流过花园,构成了这里最大的特色。这条支流只有16公里(10英里)长,发源于附近的希斯菲尔德,穿过贝特曼庄园,流入罗瑟河。

一条小路穿过野生花园,通向一座古老的磨坊,这一幕也出现在《山精灵普克》中。吉卜林努力想确认这座磨坊是不是 1086 年英格兰人口土地普查时期就出现在这里的。但实际上,它的历史可以追溯到 1750 年。尽管吉卜林对这座磨坊的历史饶有兴趣,但他还是用当年最新的水力涡轮机取代了它的研磨装置,这样产生的电够房间里点亮十只灯泡。(时至今日,这座磨坊又恢复了定期磨面粉的功能。)

吉卜林也用磨坊处的水池为玫瑰花园的自给水喷泉提供动力,喷泉通过一条小溪流与睡莲池相连。他勾勒过一张平面图,这张装裱好的平面图现在还挂在贝特曼庄园楼上的书房里。上面显示的是对称结构的游泳池、玫瑰园和喷泉,几乎和今天一模一样。池塘水面平静,足可让睡

上图:帕克磨坊曾经出现在吉卜林的儿童故事中,现在又开始磨面粉了

右图:磨坊运用杜德威尔河的水流作为动力,这条小河穿过贝特曼的花园

鲁德亚德·吉卜林
在贝特曼庄园

莲茁壮成长。水深只有30厘米（12英寸）深，约翰和埃尔西还在这里洗澡玩水，他们有一艘小船，可以从一边划到另一边。

玫瑰园以喷泉为中心，分成四等份。这里仍然种植着当年吉卜林选择的玫瑰品种：原生的、花期长久的"杏花村"（Betty Prioy），弗兰莎姆（Frensham）和"情人节之心"（Valentine Heart，这是为了代替之前淡粉色的"鲍尔森夫人"，这个品种现在已经没有了）。不远处是他的日晷，上面刻着："比你想的要晚"——吉卜林希望用此来暗示客人在贝特曼庄园的步伐到此结束，人们在花园的漫步也止步于此。

鲁德亚德·吉卜林
在贝特曼庄园

对页图：杜德威尔河岸种着喜欢湿润泥土的根乃拉草

下左图：在贝特曼庄园对称式的花园中，吉卜林选择了花期较长的玫瑰"杏花村"

下右图：吉卜林的花园中有一尊日晷，上面刻着"比你想的要晚"

¶ 一处历史景观

吉卜林通过购买农场逐步扩大了他的土地。比如，在黑麦农场收购了20.5公顷（51英亩）的土地，在小贝特曼收购了6.5公顷（16英亩）的土地，后来他总共拥有14处地产，超过121公顷（300英亩）。他想把这片土地辟为保护区。苏塞克斯的林地——或"杂木林"以及任何一小块非生产性（没有产出的）土地，对吉卜林来说，都和牛群、可耕地一样重要。深受人们喜爱的那首诗《穿过森林的路》，就表达了他挖掘土地的过去、探究自然景观背后的历史的兴趣。

吉卜林大部分产业都用于出租，而他关于重建历史景观而非纯粹盈利的想法并不受当时人们的欢迎。他尽可能自己管理农场，也听取好朋友 H. 里德·哈格德——一名农业活动家兼作家——的建议。

吉卜林很爱孩子。尽管他失去了女儿约瑟芬，但"一战"前几年，他在贝特曼庄园的生活还算是幸福的。花园被设计得很有趣，孩子们可以在里面玩耍，他们总是受欢迎的小客人。孩子们会被带到池塘边的一艘小游船上玩。经常来访的客人有吉卜林的堂兄、政治领袖斯坦利·鲍

德温,还有艺术家爱德华·伯恩·琼斯和爱德华·波因特(这两位均是吉卜林的姑父)。可是,和许多家庭一样,第一次世界大战爆发后,吉卜林18岁的儿子约翰自愿参战,于是一切平静都被打破了。约翰于1915年在卢斯战役中牺牲,这彻底击垮了他的父母。此后他的名字只能活在父亲的诗作《我的孩子杰克》中。

这座对称式花园是吉卜林亲自设计的——有一座浅浅的水景池、玫瑰花床、紫杉树篱墙。修剪整齐的椴树林荫道始于1898年,是在吉卜林买下贝特曼的前几年种下的

¶ 面向未来

贝特曼的生活不再像之前那么平静,吉卜林仅剩的女儿埃尔西最终也离开了,她28岁时嫁给了乔治·班布里奇,住在剑桥郡的温坡庄园。1939年,贝特曼庄园被移交给国家信托组织,现在作为一处农场,按照当年吉卜林的信条保护着古老的草甸和林地。当秋天暖和的阳光洒在红砖的烟囱上,果园中结满累累的果实,贝特曼庄园一如既往地宁静,或许这也是当年吉卜林诗篇的源泉:"花园的荣耀……将永远不会消退。"

故居所作

鲁德亚德·吉卜林（1865—1936）

贝特曼庄园，1902—1936

吉卜林搬到贝特曼庄园，标志着他对英格兰历史和苏塞克斯林地独特景观进行探究的开始，这里有橡树、栗子树、溪流和山谷、磨坊、锻造厂以及农场。这里贯穿着他接下来所著的两本书的背景，在书中他描绘的罗马人、撒克逊人、诺曼人和中世纪世界让孩子们兴奋不已：

《山精灵普克》（*Puck of Pook's Hill*，1906）
《奖赏与仙女》（*Rewards and Fairies*，1910）

这两部作品以丹和乌纳为核心人物，以他自己的孩子约翰和埃尔西为原型，深深扎根于贝特曼庄园。书中的磨坊、小林登农场和普克山都可以在庄园周围找到对应物。

花园拜访信息

所有故居和花园都可能在某天关闭。请在它们的网页上确认开放时间。

¶ 简·奥斯汀（P14—27）

高德摩舍姆庄园，地址：Godmersham, Kent CT4 7DT。这是一处私人居所，但在"国家公园计划"（NGS）的管理下，公园一年开放两次，见网址：www.ngs.org.uk/。遗产中心收藏着简·奥斯汀的作品手稿：www.godmershamheritage.webs.com/。

简·奥斯汀故居博物馆，地址：Chawton, Alton, Hampshire GU34 1SD；网址：www.jane-austens-house-museum.org.uk/。查顿故居图书馆，地址：Chawton, Alton, Hampshire GU34 1SJ，网址：www.chawtonhouse.org/。故居图书馆安排有定期导游和花园游览导游。公众可以通过在线预约方式申请参观早期（1600—1830）女性写作图书馆。

Goodnestone Park Gardens，地址：Kent CT3 1P；网址：www.goodnestoneparkgardens.co.uk/。该地属于伊丽莎白·布里奇斯家族产业。伊丽莎白是简的哥哥爱德华的妻子。简应该非常熟悉这片占地面积约6公顷/15英亩的花园。

Stoneleigh Abbey，地址：Kenilworth, Warwickshire CV8 2LF；网址：www.stoneleighabbey.org/。产权所有者是奥斯汀夫人的表妹托马斯·利。该处由亨弗莱·雷普敦设计，简曾到访此处。

The Vyne，地址：Vyne Rd, Sherborne St John, Hampshire RG24 9HL；网址：www.nationaltrust.org.uk/vyne/。18世纪时由查特家族所有。奥斯汀一家在汉普郡的史蒂夫顿居住时与查特家族相熟。

¶ E. F. 本森，参见亨利·詹姆斯部分

¶ 鲁伯特·布鲁克（P28—37）

The Old Vicarage，地址：Grantchester, Cambridgeshire CB3 9ND。目前该处属于私人产业，不过花园有时会因为慈善事业而向公众开放。

The Orchard Tea Garden，地址：45-47 Mill Way, Grantchester CB3 9ND；网址：www.orchard-grantchester.com/。关于格兰切斯特果园的历史信息可以从附近的博物馆得知。（如下）

鲁伯特·布鲁克博物馆（The Rupert Brooke Museum），地址：45-47 Mill Way, Grantchester CB3 9ND；网址：www.rupertbrookemuseum.org.uk/。

¶ 罗伯特·彭斯（P192—201）

埃里斯兰农场（Ellisland Farm），地址：Holywood Rd, Auldgirth, Dumfries DG2 0RP；网址：www.ellislandfarm.co.uk。可以游览小屋（必须跟随导游游览）、庭院和在河边散步。

Friars Carse Hotel，地址：Auldgirth, Dumfries DG 0SA；网址：www.friarscarse.co.uk/。可参观庭院、林地和河边的人行道，包括隐士屋。

罗伯特·彭斯出生地博物馆，地址：Murdoch's Lone, Alloway, Ayr KA7 4PQ；网址：www.burnsmuseum.org.uk/。国家信托组织负责管理苏格兰小屋、博物馆和庭院。

罗伯特·彭斯故居（Robert Burns House），地址：Burns Street, Dumfries DG1 2PS；网址：www.dumgal.gov。这是彭斯生命最后几年在镇上居住的地方。

¶ 阿加莎·克里斯蒂（P50—63）

地址：Greenway, Greenway Rd, Galmpton, Brixham, Devon TQ5 0ES；

网址：www.nationaltrust.org.uk/greenway/。

¶ 温斯顿·丘吉尔（P112—123）

地址：Chartwell, Mapleton Rd, Westerham, Kent TN16 1PS；

网址：www.nationaltrust.org.uk/chartwell/。House and gardens。

¶ 约翰·克莱尔（P168—177）

约翰·克莱尔的小屋（John Clare Cottage），地址：12 Woodgate, Helpston, Cambridgeshire PE6 7ED；网址：www.clarecottage.org/。

卡斯特航地国家级自然保护区（Castor Hanglands National Nature Reserve）距彼得伯勒约6.5公里（4英里）。保护区内有埃尔斯沃斯等其他约翰·克莱尔所熟知的郊野。具体可查询"自然英格兰"官网：www.naturalengland.org.uk/。

¶ 罗尔德·达尔（P78—89）

"吉卜赛屋"不对公众开放。

罗尔德·达尔博物馆和故事中心（The Roald Dahl Museum and Story Centre），地址：81-83 High Street, Great Missenden, Buckinghamshire HP16 0AL；网址：www.roalddahlmuseum.org/。博物馆内有一个重建的罗尔德·达尔写作小屋。

通过奇尔特恩当地官网www.chilternsaonb.org/，可以找到很多地图和导览资料，包括曾经激发罗尔德·达尔创作《世界冠军丹尼》的森林游览资料。

¶ 查尔斯·狄更斯（P90—99）

盖德山庄（Gad's Hill Place），地址：Gad's Hill Place, Higham, Rochester, Kent ME3 7PA；可通过格雷夫斯纳姆区议会官网（www.gogravesham.co.uk/）预约故居和花园游览行程。目前，狄更斯故居是盖德山学校的一部分。学校官网为：www.gadshill.org/。

东门屋地址：High Street, Rochester, Kent ME1 1ER。网址：www.medway.gov.uk/。狄更斯的瑞士小屋所在地。

修复的房子（Restoration House），地址：17-19 Crow Lane, Rochester, Kent ME1 1RF；网址：www.restorationhouse.co.uk/。有花园和房屋，此处被认为是《远大前程》中郝薇香小姐居所的原型。

¶ 托马斯·哈代（P178—191）

哈代小屋（Hardy's Cottage），地址：Higher Bockhampton, near Dorchester, Dorset DT2 8QJ；网址：www.nationaltrust.org.uk/hardys-birthplace/。

马克斯门（Max Gate），地址：Alington Ave, Dorchester, Dorset DT1 2AB；网址：www.nationaltrust.org.uk/max-gate/。有房屋和花园。

¶ 特德·休斯（P146—157）

特德·休斯阿尔文中心（The Ted Hughes Arvon Centre），地址：Lumb Bank, Heptonstall, West Yorkshire HX7 6DF；网址：www.arvon-foundation.org/lumbbank/。

写作中心由阿尔文基金会负责运营，为作家提供创意写作培训课程；基金会旗下的其他写作中心分别位于什罗普郡（Shropshire）、德文郡（Devon）和苏格兰。

爱密特基金会（Elmet Trust）位于特德·休斯出生地——索尔姆洛伊德镇，离赫布登桥不远，定期组织形式多样的活动以纪念诗人。详见：www.theelmettrust.co.uk/。

¶ 亨利·詹姆斯和 E. F. 本森（P158—167）

兰慕别墅（Lamb House），地址：West Street, Rye, East Sussex TN31 7ES；网址：www.nationaltrust.org.uk/lamb-house/。有房屋和花园，仅在固定时间对公众开放。

¶ 鲁德亚德·吉卜林（P228—241）

贝特曼庄园（Bateman's），地址：Bateman's Lane, Burwash, East Sussex TN19 7DS；网址：www.nationaltrust.org.uk/batemans/。

¶ 毕翠克丝·波特（P64—77）

丘顶农场（Hill Top），地址：Near Sawrey, Hawkshead, Ambleside, Cumbria LA22 0LF；网址：www.nationaltrust.org.uk/hill-top/。

毕翠克丝·波特美术馆（Beatrix Potter Gallery），地址：Main Street, Hawkshead LA22 0NS；网址：www.nationaltrust.org.uk/beatrix-potter-gallery/。威廉·希利斯律师事务所收藏了毕翠克丝·波特作品的原版插画。

花园拜访信息

¶ 约翰·拉斯金（P38—49）

布兰特伍德（Brantwood），地址：Coniston, Cumbria LA21 8AD；网址：www.brantwood.org.uk/。

可参观故居和花园，还提供展览和培训课程。

¶ 沃尔特·司各特（P214—227）

阿柏茨福德（Abbotsford），地址：Melrose, Roxburghshire TD6 9BQ；网址：www.scottsabbotsford.co.uk/。

¶ 乔治·萧伯纳（P136—145）

"萧之角"（Shaw's Corner），地址：Ayot St Lawrence, near Welwyn, Hertfordshire AL6；网址：www.nationaltrust.org.uk/shaws-corner/。

¶ 劳伦斯·斯特恩（P124—135）

项狄庄园（Shandy Hall and Gardens），地址：Coxwold, York YO61 4AD；网址：www.laurencesternetrust.org.uk/。

¶ 弗吉尼亚·伍尔夫（P100—111）

蒙克屋（Monk's House），地址：Rodmell, Lewes, East Sussex BN7 3HF；网址：www.nationaltrust.org.uk/monks-house/。

威廉·华兹华斯（P202—213）

华兹华斯故居和花园（Wordsworth House and Garden），地址：Main Street, Cockermouth, Cumbria CA13 9RX；网址：www.nationaltrust.org.uk/wordsworth-house/。

华兹华斯的童年家园（Dove Cottage），地址：Grasmere, Cumbria LA22 9SH；网址：www.wordsworth.org.uk/。故居、花园、博物馆、诗歌朗诵、聚会。

莱德山地址（Rydal Mount），地址：Ambleside, Cumbria LA22 9LU；网址：www.rydalmount.co.uk/。华兹华斯后半生居住地。

书中提及的其他作家和地址

J. M. 巴里的出生地，地址：9 Brechin Road, Kirriemuir, Angus DD8 4BX；网址：www.nts.org.uk/。

"大梅森厅"（Great Maytham Hall），地址：Rolvenden, Kent TN17 4NE；网址：www.sunleyheritage。在"国家公园计划"的规划中，花园有时候开放，参见网站：www.ngs.org.uk/。

"彼得·潘蒙特布雷信托基金"（Peter Pan Moat Brae Trust），地址：George Street, Dumfries DG1 2EA；网址：www.peterpanmoatbrae.org/。

狄兰·托马斯：www.dylanthomasboathouse.com/ 和 www.dylanthomas.com/。

引用资料

Elizabeth von Arnim, *Elizabeth and Her German Garden*, Virago,1985.

Jane Austen, *Sense and Sensibility*, Penguin Popular Classics, 1994.

Jane Austen's Letters, Oxford University Press, 2011.

Rupert Brooke, 'The Old Vicarage, Grantchester (Café des Westens, Berlin, May 1912)', in Geoffrey Keynes (ed.), *The Poetical Works of Rupert Brooke,* Faber, 1960.

The History of the Orchard Grantchester, Rupert Brooke Society/ The Orchard Grantchester, n.d.

Letter in the collection of the Brantwood Trust; www.brantwood.org.uk.

John Ruskin, *Proserpina: Studies of Wayside Flowers,* Vol. II,George Allen, 1877, IV Giulietta.

John Ruskin, *Unto This Last, Four Essays on the First Principles of Political Economy: IV Ad Valorem*, Cornhill Magazine, 1860.

Agatha Christie, *An Autobiography*, Harper Collins, 1993. Reprinted by permission of Harper Collins Publishers Ltd .(© 1977).

Agatha Christie, *Dead Man's Folly*, Harper, 2002.Reprinted by permission of Harper Collins Publishers Ltd.(© 1956).

Mathew Prichard, *National Trust Guide to Greenway*, National Trust, 2006.

Agatha Christie, *Five Little Pigs*, Harper, 2007. Reprinted by permission of Harper Collins Publishers Ltd.(© 1942).

Judy Taylor (ed.), *Beatrix Potter's Letters*, FrederickWarne, 1989.

Roald Dahl, *The Minpins*, Puffn Books, 2008.

W. B. Yeats, 'Among School Children' in *The Tower*, Macmillan, 1928.

Graham Storey and Kathleen Tillotson (eds), *Letters of Charles Dickens*, Vol. 8: 1856–1858, Clarendon Press, 1995. By permission of Oxford University Press.

Quentin Bell, Angelica Garnett and Anne Olivier Bell (eds), *Selected Diaries of Virginia Woolf*, Vintage, 2008.

Letter, Winston Churchill to Stanley Baldwin, 7 September 1925, WSC/Baldwin 7 September 1925, Churchill Papers 18/11, Churchill Archive, Cambridge. Reproduced with permission of Curtis Brown, London on behalf of the Estate of Sir Winston S. Churchill. © Winston S. Churchill.

Letter, Winston Churchill to Clementine Churchill, 2 September 1923, WSC/CC 2 September 1923, Spencer Churchill Papers, Churchill Archive, Cambridge. Reproduced with permission of Curtis Brown, London on behalf of the Estate of Sir Winston S. Churchill. © Winston S. Churchill.

Laurence Sterne, *The Life and Opinions of Tristram Shandy, Gentleman*, dedication to 2nd edn 1760. Courtesy of the Laurence Sterne Trust.

George Bernard Shaw, *Bernard Shaw's Rhyming Picture Guide to Ayot St Lawrence*, Leagrave Press, 1950. Courtesy of The Society of Authors, on behalf of the Bernard Shaw Estate.

Ted Hughes, 'Lumb Chimneys', in Paul Keegan (ed.), *Ted Hughes Collected Poems*, Faber & Faber, 2005.

Henry James, *The Awkward Age*, Penguin Modern Classics, 1966.

E. F. Benson, 'Miss Mapp', in *The Complete Mapp & Lucia*, Vol. 1, Wordsworth Classics, 2011.

E. F. Benson, Preface to the 1922 edn of 'Miss Mapp', in *The Complete Mapp & Lucia*, Vol. 1, Wordsworth Classics, 2011.

John Clare, 'Emmonsale's Heath', in *The Rural Muse*, Forgotten Books Classic Reprint Series, 2012.

Thomas Hardy, 'Domicilium', in James Gibson (ed.), *Chosen Poems of Thomas Hardy*, The Thomas Hardy Society.

Thomas Hardy, *Under The Greenwood Tree*, Wordsworth Classics, 2004.

Letter, Robert Burns to Alexander Cunningham, 27 July 1788, Friends of Ellisland; www.ellislandfarm.co.uk/.

Robert Burns, 'Verses in Friars' Carse Hermitage', in James A. Mackay (ed.), *Robert Burns: The Complete Poetical Works*, Alloway Publishing, 1993.

William Wordsworth, *The Prelude, Book 1*, Penguin Classics, 1995.

William Wordsworth, 'Ode on Intimations of Immortality from Recollections of Early Childhood', in *The Poetical Works of William Wordsworth*, Routledge, Warne & Routledge, 1863.

Letter, Walter Scott to Daniel Terry, September 1812, in H. J. C. Grierson et al., *The Letters of Sir Walter Scott*, Vol. 3, Constable, 1932–7.

Rudyard Kipling, 'The Glory of the Garden', in *The Complete Verse*, Kyle Cathie, 1990.

拓展阅读

Archer, Mary, *The Story of the Old Vicarage Grantchester*, The Old Vicarage Press, 2012; www.jeffreyarcher.co.uk

Bate, Jonathan, *John Clare A Biography*, Picador, 2004

Davies, Hunter, *William Wordsworth*, Frances Lincoln, 2009

Dearden, James S., *Brantwood: The Story of John Ruskin's Coniston Home*, The Ruskin Foundation, 2009

Denyer, Susan, *At Home with Beatrix Potter*, Frances Lincoln in association with the National Trust, 2009

Hancock, Nuala, *Gardens in the Work of Virginia Woolf*, Bloomsbury Heritage Series, Cecil Woolf Publishers, 2005

Holroyd, Michael, *Bernard Shaw: The One-Volume Definitive Edition*, Chatto & Windus, 1997

Jackson, Kevin, *The Worlds of John Ruskin*, Pallas Athene & The Ruskin Foundation, 2011

Lear, Linda, *Beatrix Potter — The Extraordinary Life of a Victorian Genius*, Penguin, 2008

Lee, Hermione, *Virginia Woolf*, Vintage, 1997

Sturrock, Donald, *Storyteller — The Life of Roald Dahl*, Harper Press, 2011

Thompson, Laura, *Agatha Christie — An English Mystery*, Headline Review, 2008

Tomalin, Claire, *Charles Dickens, A Life*, Penguin, 2012

Tomalin, Claire, *Jane Austen, A Life*, Penguin, 2012

Tomalin, Claire, *Thomas Hardy: The Time-Torn Man*, Penguin, 2012

Watts, Alan S., *Dickens at Gad's Hill*, Cedric Dickens and Elvendon Press, 1989

Westwood, Peter J., *Jean Armour – Mrs Robert Burns*, Creedon Publications, 1996

Wilson, Kim, *In the Garden with Jane Austen*, Frances Lincoln, 2009

致谢

作者和摄影师的致谢

作者和摄影师衷心感谢以下单位和个人对本书的帮助：

阿尔文基金会；查尔斯·狄更斯中心（盖德山庄）有限公司；查顿故居图书馆；Friars Carse酒店；埃里斯兰之友；盖德山学校；简·奥斯汀故居博物馆；约翰·克莱尔信托基金；彼得·潘蒙特布雷基金会；布兰特伍德基金会；劳伦斯·斯特恩信托基金；国家信托基金；格兰切斯特果园；大米森登村植物清单；罗尔德·达尔博物馆和故事中心；鲁伯特·布鲁克协会；华兹华斯基金会。

特别鸣谢：查顿图书馆的艾伦·伯德和莎拉·帕里；蒙克屋的艾莉森·普里查德和尼古拉斯·狄金森；卡罗尔·休斯；鸽舍的凯莉·泰勒和凯瑟琳·凯；彼得·潘蒙特布雷基金会的凯茜·阿格纽；格林威的科林·克拉克和萨宾娜·科利尔；约翰·克莱尔农庄的大卫·戴克斯；爱德华·奥尔赖特；吉卜赛屋的费莉希蒂·达尔夫人和温迪·克雷斯；高德摩舍姆公园的格雷格·艾里斯和菲奥娜·逊莉；伊洛娜·雷顿；简·奥斯汀故居博物馆的伊莎贝尔·斯诺登和安·香奈儿；阿柏茨福德的凯伦·芬利、比利·休斯和马修·威西；华兹华斯故居的柯克斯蒂·费尔黑德和阿曼达·萨克雷；贝特曼庄园的乐恩·贝纳蒙特；埃里斯岛的李斯·拜尔和罗尼·凯恩斯；丘顶农场的莉斯·麦克法兰、乔安娜·哈德森和皮特·塔斯克；"萧之角"的丽齐·邓福德；鲁伯特·布鲁克协会的洛娜·贝克特、曼迪·马歇尔；牧师老宅的达姆·玛丽·阿彻、瑞秋·艾弗里和宝拉·莫林；奈杰尔·威尔金森；项狄庄园的帕特里克·怀德卡斯特和克里斯·皮尔森；"哈代小屋"和马克斯门的雷切尔·斯托克斯、詹妮弗·戴维斯和哈里特；罗尔德·达尔博物馆和故事中心的瑞秋·怀特；布兰特伍德的萨利·比米什、雷切尔·利顿和海伦·沃顿；"植物清单"的苏·希金森、肖恩·沃尔特和基思·庞德；兰慕别墅的苏珊娜市长和帕特里克·罗杰斯夫妇；查特韦尔的威利斯·特蕾西和吉尔斯·帕尔默。

还要感谢海伦·格里芬、詹姆斯·威尔斯、设计师安妮·威尔逊、编辑乔安娜·奇泽姆、校对埃文斯·安妮、索引编撰米歇尔·克拉克对本书的帮助与支持。

译者注

P19　1　汉弗莱·雷普顿（Humphry Repton），英国著名景观建筑设计师。

P56　2　沃尔特·罗利爵士（Sir Walter Raleigh），英国文艺复兴时期一位多产的学者、政客和军人。他作为私掠船的船长度过了早期的职业生涯。

P59　3　国家信托组织（National Trust），英国国家名胜古迹信托，非营利性的第三方组织，其关注对象是有历史文化意义的建筑物或设施，还包括了大自然景观。

P130　4　亨利·摩尔（Henry Moore）：英国雕塑家，是20世纪世界最著名的雕塑大师之一。

P139　5　Brough Superior 摩托车：从1919年到1940年出产，当时被认为是"摩托车中的劳斯莱斯"。

P146　6　英格兰官方任命的"桂冠诗人"开始于1668年，延续至今。20世纪之后其他一些国家也有类似的做法，"桂冠诗人"的称号现在不限于英格兰。

P150　7　奔宁山脉（Pennine），英格兰北部的主要山脉。

P162　8　骑士桥（Knightsbridge），伦敦街道名。

P176　9　自然英格兰（Natural England），负责保护英国自然环境的非政府部门。

P198　10　这里现在确实是一家三星级的乡村旅馆，你甚至可以在 Booking 上订到它：Friars Carse Country House Hotel。网站上是这么介绍这里的：19世纪的 Friars Carse Country House Hotel 乡村民宿坐落在占地45英亩的庄园内，拥有迷人的林地，

译者注

可通往尼斯河河岸，提供23间卧室和小屋，距离邓弗里斯镇中心有6英里（9.6公里）。

P206　11　贴墙种植（wall-trained）：在欧洲的很多花园中，常可见果树紧贴着围墙种植，并修剪引导成平面的造型，这是一种古老的果树造型艺术，一方面是为了让花园更为立体，墙面更美观；一方面节约花园的土地面积，树冠不再是圆形而分布在立体的墙面；还有一点，就是可以在夜晚获得墙面带来的保温作用，通常啤梨、苹果、海棠、杏子树等适合这种种植方式。

P214　12　Abbotsford，abbot意为男修道院院长，或大寺院男住持，ford意为浅滩，所以有译者译为"修道院浅滩"，但这个译名更多音译作"阿柏茨福德"。

P221　13　摄政时期，即1811年至1820年威尔士亲王乔治任摄政王这段时期。

P232　14　后甲板（Quarter Deck）：18世纪，航海船舰的主桅后面通常会有一个抬高凸起的甲板，传统上这里是船长指挥船只的位置，也因此显得非常重要，经常用于船上举办主要仪式的地方或作为接待区。而今这个词仍然被用于船舰或陆地上海军设施中的这一区域。在英联邦海军中仍然被称作四分之一甲板。

P232　15　赤褐色苹果是苹果的变种和栽培品种，通常表皮呈现出赤褐色，部分或完全覆盖，有棕褐色至黄褐色的粗糙斑点。在现代栽培品种中，赤褐色是不受欢迎的特征，它一般是指更传统的品种，更具有芳香风味。实际上，许多苹果品种都有一些自然的赤褐色，不过其中一些几乎完全被赤褐色覆盖，特别是Egremont Russet。赤褐色苹果经常让人联想到坚果的气味和风味，并且通常非常甜。尽管如此，现代苹果育种者很少接受新的苹果品种的赤褐色，因为和现代苹果鲜嫩的果皮比起来，它看起来好像是生病的果实。

索引

人物、地名、机构

A

Abbotsford 阿柏茨福德 7, 13, 214–227, 247

Ailsworth Heath 埃尔斯沃斯郊野 175, 176

Armour, Jean 简·阿默尔 192, 194

Arvon Foundation 阿尔文基金会 150

Ashfield 阿什菲尔德 54

Austen, Cassandra（sister）卡桑德拉·奥斯汀 14, 17, 19, 24

Austen, Edward（brother）爱德华·奥斯汀 15, 17, 19, 21

Austen, Henry（brother）亨利·奥斯汀 24

Austen, Jane 简·奥斯汀 7, 14–27

B

Barrie, J.M. J. M. 巴里 10, 11, 13

Bateman's 贝特曼庄园 228–243

beehives 蜂房 22

Bell, Vanessa 凡妮莎·贝尔 103

Benson, E.F. E.F. 本森 158–167

Blenheim Palace 布伦海姆宫 7, 114

Blyton, Enid 伊妮德·布莱顿 10

Boathouse 船屋
　Greenway 格林威 6, 60, 62
　Laugharne 拉恩 8

Bogie, William 威廉·博格 221

Boscombe House 博斯库姆别墅 10

Brantwood 布伦特伍德 11, 13

Brooke, Rupert 鲁伯特·布鲁克 28–37, 243

Burghley House 伯利庄园 169

Burnett, Frances Hodgson 弗朗西丝·霍奇森·伯内特 10

Burns, Roberts 罗伯特·彭斯 7, 192–201

C

Calder Valley 考尔德河谷 146

caravan: Gipsy House 吉卜赛屋 78, 80, 81, 83, 88

Carlyon family 卡里昂家族 56

Castle Cottage 城堡小屋 69, 70, 75

Chawton House 查特韦尔庄园 8, 9, 112–123

Christie, Agatha 阿加莎·克里斯蒂 7, 50–63

Churchill, Clementine（wife）克莱门汀·丘吉尔 112, 114

Churchill, Sir Winston 温斯顿·丘吉尔 7, 8, 112–123

Clare, John 约翰·克莱尔 168–177

Cockermouth see Wordsworth House 科克茅斯 见 华兹华斯故居

Colden Water 科尔登河 146, 152

conservatories 温室
　　Abbotsford 阿柏茨福德 221
　　Gad's Hill Place 盖德山庄 94, 98
　　Max Gate 马克斯门 189
　　Monk's House 蒙克屋 105

Crosland, Felicity 费莉希蒂·克罗斯兰 85, 88

D

Dahl, Roald 罗尔德·达尔 6, 9, 78–89

Darnell, Dorothy and Beatrix 多萝西·达内尔和毕翠克丝·达内尔 25

Dart, river 达特河 50

Derwent, river 德文特河 202

Dickens, Charles 查尔斯·狄更斯 9, 90–99

Dickinson, Emily 艾米莉·迪金森 7

Dove Cottage 鸽舍 209, 210

Drake, Sir Francis 弗朗西斯·德雷克爵士 55

Draper, Eliza 伊丽莎·德雷珀 129

du Maurier, Daphne 达芙妮·杜穆里埃 6

Dudwell, river 杜德威尔河 232, 236, 239

E

Ellisland 埃里斯兰 192–201

Emmonsale 埃蒙塞尔 168, 173, 175

Everett, John 约翰·埃弗雷特 191

F

Fairfax, John 约翰·费尔法克斯 150

fern garden: Brantwood 蕨类花园，布兰特伍德 47

Fitzwilliams of Milton Hall 弥尔顿山的菲茨威廉姆斯 171

Friars' Carse 弗里亚尔平原（修士平原）197, 198

G

Gad's Hill Place 盖德山庄 90–99

Gipsy House 吉卜赛屋 78, 80, 83, 88

glasshouses see conservatories 暖房 见 温室

Godden, Rumer 鲁默·戈登 166

Godmersham Park 高德摩舍姆庄园 15, 17–27

Godwin, Fay 费伊·戈德温 146, 152

Grahame, Kenneth 肯尼思·格雷厄姆 10

Grant, Duncan 邓肯·格兰特 31, 107

Granta, river 格兰塔河 28

Grantchester 格兰切斯特 28–37

Grasmere see Dove Cottage 格拉斯米尔 见 鸽舍

Great Maytham Hall "大梅森厅" 10

Great Missenden 大米森登村 78, 80, 81

Green Hedges 绿篱 10

Greenshields, John 约翰·格林希尔德 221

Greenway 格林威 7, 50–63

Gwaynynog 格维尼诺格 67

H

Haggard, H. Rider H. 里德·哈格德 239

Hardy, Emma 艾玛·哈代 185, 187

Hardy, Florence (2nd wife) 弗洛伦斯·哈代（第二任妻子）187, 189

Hardy, Thomas 托马斯·哈代 7, 178–191

Hardy's Cottage 哈代小屋 178, 189, 190, 191

Harvey, Richard 理查德·哈维 56

Heelis, Beatrix see Potter, Beatrix 毕翠克丝·西里斯 见 毕翠克丝·波特

Heelis, William (husband) 威廉·西里斯（丈夫）69

Helpston 海尔伯斯通 168–177

Henderson, Joseph 约瑟夫·亨德森 171

Hermitage, The 隐士屋 197

Hill Top Farm 丘顶农场 7, 64–77

Hogarth, William 威廉·霍加斯 127

Hughes, Ted 特德·休斯 146–157

Hyde, H. Montgomery H. 蒙哥马利·海德 166

I

insect hotel 昆虫"旅馆" **189**

Italianate gardens 意大利风格的花园

  Godmersham 高德摩舍姆 19

  Lumb Bank 伦布班克 152

  Monk's House 蒙克屋 103, 106

J

James, Henry 亨利·詹姆斯 158, 161, 162, 166, 167

Jane Austen Memorial Trust 简·奥斯汀纪念基金会 25

Jane Austen Society 简·奥斯汀协会 25

Jane Austen's House Museum 简·奥斯汀故居博物馆 25

Jekyll, Gertrude 格鲁特·杰基尔 66

John Clare Trust 约翰·克莱尔信托基金 176

K

Kipling, Carrie（wife）卡莉·吉卜林 230

Kipling, Elsie（daughter）埃尔西·吉卜林（女儿）231, 236

Kipling, John（son）约翰·吉卜林（儿子）236, 240

Kipling, John Lockwood（father）约翰·洛克伍德·吉卜林（父亲）230

Kipling, Josephine（daughter）约瑟芬·吉卜林（女儿）231

Kipling, Rudyard 鲁德亚德·吉卜林 238–241

kitchen gardens 厨房花园

  Abbotsford 阿柏茨福德 218

  Bateman's 贝特曼庄园 232

  Brantwood 布兰特伍德 44

  Chartwell 查特韦尔 120

  Greenway 格林威 54

  Hardy's Cottage 哈代小屋 188

  Helpston 海尔伯斯通 170

  Hill Top Farm 丘顶农场 67, 71

  Lumb Bank 伦布班克 152

  Max Gate 马克斯门 126, 127, 128

  Monk's House 蒙克屋 103

  Wordsworth House 华兹华斯故居 202, 204

L

Lamb House 兰慕别墅 158–167

landscape gardens 景观花园 19

Laurence Sterne Trust 劳伦斯·斯特恩信托基金 130

Lefroy, Tom 汤姆·勒弗罗伊 15

Lerner, Sandy 桑迪·勒纳 26

Linden, Estrid 埃斯特丽德·林登 30

Little Whitefield *see* Gipsy House 小怀特菲尔德 见 吉卜赛屋

Lumb Bank 伦布班克 146–157

M

McCrum, Bridget 布丽姬特·麦克拉姆 62

Mallowan, Max 马克斯·马洛文 54

Marlborough Pavilion 马尔伯勒展览馆 115

Max Gate 马克斯门 178, 185, 187–191

Maxwell Scott see Scott 麦克斯韦·司各特 见 司各特

Moat Brae 蒙特布雷 13

Monk's House 蒙克屋 8, 100–111

Montagu, Venetia 维妮夏·蒙塔古 119

Morris Garden 莫里斯花园 218

Mossgiel 莫斯基尔 192

Motion, Andrew 安德鲁·姆辛 150

Mulberry Garden 桑园 231

N

Naismyth, Alexander 亚历山大·奈史密斯 201

O

Old Vicarage, The（Grantchester）牧师老宅，格兰切斯特 28–31, 34

Olivier, Noë 诺埃尔·奥利维尔 31

Orchard House（Grantchester）果园屋（格兰切斯特）33

Orchards 果园

　Bateman's 贝特曼庄园 231, 232

　Chartwell 查特韦尔 114

　Ellisland 埃里斯兰 194

　Gad's Hill Place 盖德山庄 94

　Gipsy House 吉卜赛屋 81, 87

　Grantchester see Orchard House（Grantchester）格兰切斯特 见 果园屋（格兰切斯特）

　Hardy's Cottage 哈代小屋 181

　Hill Top Farm 丘顶农场 67

　Max Gate 马克斯门 190

　Monk's House 蒙克屋 103, 105

　Shandy Hall 项狄庄园 129

　Shaw's Corner "萧之角" 139

P

Painting Studio 画室 108, 110, 116

Pearson, Chris 克里斯·皮尔森 134

Peter Pan Moat Brae Trust 彼得·潘蒙特布雷信托基金 13

Plath, Sylvia 西尔维娅·普拉斯 150

Ponds 池塘

 Bateman's 贝特曼庄园 236, 239

 Chartwell 查特韦尔 116, 118

 Greenway 格林威 62

 Monk's House 蒙克屋 103

Potter, Beatrix 毕翠克丝·波特 6, 9, 64–77

Prichard, Mathew 马修·普里查德 59

Professor's Garden, The "教授的花园" 41

R

Reynolds, Joshua 约书亚·雷诺兹 127

Ruskin, John 约翰·拉斯金 13, 38–49

S

St Mary's Church 圣玛丽教堂 161

Scott, Charlotte (wife) 夏洛特·司各特（妻子）223

Scott, Sir Walter 沃尔特·司各特爵士 7, 9, 13, 214–227

Shakespeare, William 威廉·莎士比亚 31

Shandy Hall 项狄庄园 124–135

Shaw, George Bernard 乔治·萧伯纳 136–145

Shaw's Corner "萧之角" 136–145

Shelley, Percy Bysshe 珀西·比希·雪莱 10

Sterne, Elizabeth (wife) 伊丽莎白·斯特恩（妻子）126

Sterne, Laurence 劳伦斯·斯特恩 124–135

Steventon 史蒂夫顿 14, 15, 17

Stoneleigh 斯通利 19

summer houses 夏屋

 Chartwell 查特韦尔 115

 The Old Vicarage 牧师老宅 31

 Wordsworth House 华兹华斯故居 207

sundial 日晷 122, 237

swimming pools 泳池

 Chartwell 查特韦尔 118

 Godmersham 高德摩舍姆 19

Swiss cottages 瑞士小屋

Gad's Hill Place 盖德山庄 92, 95, 97

The Old Vicarage 牧师老宅 31

T

Tam O' Shanter Walk, The "汤姆·奥桑特步道" 197

Ternan, Ellen 艾伦·特南 95

Terrace, The 露台 119

Terry, Elizabeth 伊丽莎白·特里 218

Thomas, Dylan 狄兰·托马斯 7

Thoreau, Henry David 亨利·大卫·梭罗 8

Tilden, Philip 菲利普·蒂尔登 115

Tomlin, Stephen 斯蒂芬·汤姆林 111

Topp, Chris 克里斯·托普 134

Twain, Mark 马克·吐温 8

V

Valon, Annette 安妮特·瓦隆 209

vegetable gardens see kitchen gardens 蔬菜花园 见 厨房花园

von Arnim, Elizabeth 伊丽莎白·冯·阿尼姆 6, 9

W

walled gardens 围墙花园

Abbotsford 阿柏茨福德 218, 221

Bateman's 贝特曼庄园 161, 163

Chawton House 查顿小屋 16, 18

Gipsy House 吉卜赛屋 88

Godmersham 高德摩舍姆 17, 19, 24

Greenway 格林威 62

Lamb House 兰慕别墅 158, 163

Lumb Bank 伦布班克 152

Wordsworth House 华兹华斯故居 206, 207

Warne, Millie 米莉·沃纳 67

Warne, Norman 诺曼·沃纳 64

water features 人工水景

Bateman's 贝特曼庄园 240

Chartwell 查特韦尔 116

see also ponds 见 池塘

wild gardens 野生花园

Bateman's 贝特曼庄园 236

Chawton House 查顿小屋 23

Shandy Hall 项狄庄园 132

Wildgust, Patrick 帕特里克·怀尔德盖斯特 134

Winsten, Stephen and Clare 斯蒂芬·温斯滕和克莱尔·温斯滕 138

Winterbrook House 冬溪屋 54

woodland gardens 林地花园 22, 35, 54, 172

Woolf, Leonard（husband）伦纳德·伍尔夫（丈夫）100, 103, 105, 107

Woolf, Virginia 弗吉尼亚·伍尔夫 100–111

Wordsworth, Dorothy（sister）多萝西·华兹华斯 202, 204, 207, 209

Wordsworth, William 威廉·华兹华斯 202–213

Wordsworth House 华兹华斯故居 202–213

writing huts/rooms 写作室 / 写作小屋
 Hill Top Farm 丘顶农场 70
 Gad's Hill Place 盖德山庄 95
 Gipsy House 吉卜赛屋 78, 81
 Lamb House 兰慕别墅 161, 164
 Monk's House 蒙克屋 107
 Shaw's Corner "萧之角" 138, 144

Z

Zig-Zaggy（Brantwood）登山小道 41

植物

achilleas 西洋蓍草 136

agapanthus 百子莲 *214, 223*, 224

alkanet 紫草 35

alliums 葱属植物 100

amaranthus 尾穗苋 234

anemones 银莲花 9, 20, 67, 163

azaleas 杜鹃 6, 38, 42, 44, 56, 59, 60

bluebells 风铃草 *38*, 60, 189

borage 琉璃苣 206

brachyglottis 毛石菊 134

calendulas 金盏花 178, 190

camellias 山茶花 59

campsis 凌霄 105, 161

cherry 樱桃 33

chestnut trees 栗树 60, 129, 231

crocosmia 香鸢尾 182, 189, 190, 223

daffodils 洋水仙 20, 67, 71

dahlias 大丽花 31, 105, 161, 223

daisy, shasta 大滨菊 163, 166, 182

elm trees 榆树 103, 110

ferns 蕨类 38, 45, 47, 94, 98, 171

Geraniums 老鹳草 71, 75

ginkgo 银杏 105

Gunnera manicata 大叶蚁塔 116

herbs 香草 173, 185, 190

honeysuckle 金银花 181, 190, 210, 221

horse chestnuts 马栗树 31

irises 鸢尾花 69

laburnum 金链花 21, 105, 187

lilac 紫丁香 34, 35, 71, 161

lime tree 欧洲椴树 92

magnolias 木兰 30, 56, 59, 60, 105

mulberry tree 桑树 90, 94, 161, 232, 234

orchids 兰花 85, 87, 88

pears 梨子 206, 233

pelargoniums 天竺葵属 94, 98, 152, 172

peonies 牡丹 38, 71

phlomis 糙苏 223

phlox 福禄考 64, 67

plums 李子树 67, 116, 129, 131, 143, 144, 161, 190

poppies 罂粟 38, 41, 45, 83, 100, 139

runner beans 红花菜豆 210, 232

sweet peas 甜豌豆 204

verbena 马鞭草 223

veronicastrum 腹水草 136

walnut tree 核桃树 161

wisteria 紫藤 35, 62, 66, 71, 119

yews 紫杉 17, 187, 240

出版物

A Sentimental Journey 《感伤之旅》129

A Tale of Two Cities 《双城记》95

Abercrombie's Practical Gardener 《阿伯克龙比实用园艺手册》170

The Awkward Age 《尴尬时代》158

Bernard Shaw's Rhyming Picture Guide to Ayot ST Lawrence 《阿约特·圣劳伦斯图片指南》145

Charlie and the Chocolate Factory 《查理和巧克力工厂》85

David Copperfield 《大卫·科波菲尔》92

Dead Man's Folly 《古宅迷踪》50

Elizabeth and Her German Garden 《伊丽莎白与她的德国式花园》9

Esio Trot 《小乌龟是如何长大的》87

Fantastic Mr Fox 《了不起的狐狸爸爸》85

Far from the Madding Crowd 《远离尘嚣》185

Five Little Pigs 《啤酒谋杀案》58

Gardens for Small Country Houses 《为乡村小屋设计花园》139

Great Expectations 《远大前程》95

Gremlins 《捣乱小精灵》81

History of the English-Speaking Peoples 《英语民族史》114

James and the Giant Peach 《詹姆斯与大仙桃》7, 81

Kew Gardens 《邱园记事》7

Mansfield Park 《曼斯菲尔德庄园》19, 23

Mapp and Lucia novels "马普和露西亚"系列小说 158, 161, 164

Marmion 《玛米恩》214

Memories with Food at Gipsy House 《吉卜赛屋的美食记忆》89

Modern Painters 《现代画家》39

Mrs Dalloway 《达洛维夫人》7

Northanger Abbey 《诺桑觉寺》15

Not a Penny More, Not a Penny Less 《一分钱不多，一分钱不少》35

Our Mutual Friend 《我们共同的朋友》95

Peter Pan 《彼得·潘》11

Pickwick Papers 《匹克威克外传》90

Poems, Chiefly in the Scottish Dialect 《苏格兰方言诗集》192

The Poor Man and the Lady 《穷人与女人》181

Pride and Prejudice 《傲慢与偏见》15, 19, 23, 24, 27

Puck of Pook's Hill 《山精灵普克》231, 236

Pygmalion 《皮格马利翁》138

Saint Joan 《圣女贞德》138

Sense and Sensibility 《理智与情感》14, 15, 22, 23

Stones of Venice 《威尼斯之石》39

The Celebrated Jumping Frog of Calaveras County 《卡拉维拉斯郡著名的跳蛙》8

The Gardener's Dictionary 《园丁辞典》206

The Lay of the Last Minstrel 《最后一个行吟诗人之歌》214

The Life and Opinions of Tristram Shandy, Gentleman 《项狄传》126, 127, 129, 131

The Mayor of Casterbridge 《卡斯特桥市长》185

The Jungle Books 《丛林之书》231

The BFG 《好心眼儿巨人》87, 89

The Ferns of the English Lake Country 《英国湖区的蕨类植物》48

The Mysterious Affair at Styles 《斯泰尔斯庄园奇案》63

The Mystery of Edwin Drood 《埃德温·德鲁德之谜》95, 97

The Scots Musical Museum 《苏格兰歌谣歌曲集》201

The Secret Garden 《秘密花园》10

The Shepherd's Calender 《牧羊人的日历》171

The Story of The Old Vicarage, Grantchester 《格兰切斯特牧师老宅的故事》30

The Portrait of a Lady 《贵妇画像》158

The Tale of Johnny Town-mouse 《城市鼠约翰尼的故事》70

The Tale of Peter Rabbit 《彼得兔的故事》68

The Tale of Samuel Whiskers 《大胡子塞缪尔的故事》77

The Tale of the Flopsy Bunnies 《弗洛普西小兔》67

The Turn of the Screw 《螺丝在拧紧》166

The Uncommercial Traveller 《不做生意的旅行者》90

The Village Minstrel 《乡村游方艺人》171

The Voyage Out　《远航》103

Under the Greenwood Tree　《绿林荫下》181, 183, 187, 190

Walden　《瓦尔登湖》8

War Sonnets, 1914　《1914 年战争十四行诗》34

The Wild Garden　《荒野花园》42

The Wind in the Willows　《柳林风声》10

The Woodlanders　《林地居民》187

The Worst Journey in the World　《世界上最糟糕的旅程》142

Simplified Chinese Copyright © 2021 by SDX Joint Publishing Company.
All Rights Reserved.
本作品简体中文版权由生活·读书·新知三联书店所有。
未经许可，不得翻印。

The Writer's Garden Copyright © Frances Lincoln Ltd 2014
Text copyright © Jackie Bennett 2014
Photographs copyright © Richard Hanson 2014

图书在版编目（CIP）数据

作家的花园：花园如何成为作家的灵感源泉／（英）
杰姬·伯内特著；（英）理查德·汉森摄影，邢蓬宇，
蔡丸子译．—北京：生活·读书·新知三联书店，
2021.3（2023.3 重印）
ISBN 978 – 7 – 108 – 07021 – 0

Ⅰ．①作…　Ⅱ．①杰…　②理…　③邢…　④蔡…
Ⅲ．①作家-人物研究-英国-19-20 世纪
Ⅳ．① K835.615.6

中国版本图书馆 CIP 数据核字（2020）第 255683 号

责任编辑　黄新萍
装帧设计　鲁明静
内文制作　许艳秋
责任印制　董　欢
出版发行　生活·讀書·新知 三联书店
　　　　　（北京市东城区美术馆东街 22 号 100010）
网　　址　www.sdxjpc.com
图　　字　01-2019-4383
经　　销　新华书店
印　　刷　北京利丰雅高长城印刷有限公司
版　　次　2021 年 3 月北京第 1 版
　　　　　2023 年 3 月北京第 2 次印刷
开　　本　720 毫米 × 1020 毫米　1/16　印张 17
字　　数　107 千字　图 274 幅
印　　数　5,001 – 7,000 册
定　　价　98.00 元
（印装查询：01064002715；邮购查询：01084010542）